Nage waza

Instituto Phorte Educação
Phorte Editora

Diretor-Presidente
Fabio Mazzonetto

Diretora Financeira
Vânia M. V. Mazzonetto

Editor-Executivo
Fabio Mazzonetto

Diretora Administrativa
Elizabeth Toscanelli

Conselho Editorial
Francisco Navarro
José Irineu Gorla
Marcos Neira
Neli Garcia
Reury Frank Bacurau
Roberto Simão

Nage waza
Técnicas de projeção

Judô

Edson Silva Barbosa

Phorte editora

São Paulo, 2017

Nage waza: técnicas de projeção
Copyright © 2017 by Phorte Editora

Rua Rui Barbosa, 408
Bela Vista – São Paulo – SP
CEP 01326-010
Tel./fax: (11) 3141-1033
Site: www.phorte.com.br
E-mail: phorte@phorte.com.br

Nenhuma parte deste livro pode ser reproduzida ou transmitida de qualquer forma, sem autorização prévia por escrito da Phorte Editora Ltda.

CIP-BRASIL. CATALOGAÇÃO NA PUBLICAÇÃO
SINDICATO NACIONAL DOS EDITORES DE LIVROS, RJ

B196n

    Barbosa, Edson Silva
      Nage waza : técnicas de projeção / Edson Silva Barbosa. -- 1. ed. -- São Paulo : Phorte, 2017.
      il. ; 24 cm.   (Judô)

      Inclui bibliografia
      ISBN: 978-85-7655-657-2 (coleção)
      ISBN: 978-85-7655-578-0 (v. 1)

      1. Judô. 2. Artes marciais. 3. Luta (Esporte). I. Título. II. Série.

17-40816	CDD: 796.8152
	CDU: 796.853.25

ph2231.1

Este livro foi avaliado e aprovado pelo Conselho Editorial da Phorte Editora.

Impresso no Brasil
Printed in Brazil

Dedico esta obra ao meu pai, Lazaro Barbosa (*in memoriam*), pelo exemplo de dedicação à família e ao trabalho. Sua competência, sua dedicação e sua lealdade ainda são citadas hoje no local em que ele trabalhou como um exemplo a ser seguido.

Agradecimentos

Aos meus pais, pela dedicação, pela educação, pelo amor e pelo carinho.

À minha esposa, Dirce Akiko Nakazawa Barbosa, que me acompanha desde o momento em que iniciei a aprendizagem do judô. Além do apoio, ainda começou a praticar judô, atuando como a grande incentivadora para que nossos filhos seguissem no mesmo caminho em rumo a um futuro brilhante de importantes títulos no esporte.

Aos meus filhos, Sílvio, Danielli e Eduardo, que se mantiveram no caminho do judô, que, para eles, não foi muito "suave", em razão do ritmo de treinamento competitivo. Os bons resultados no cenário brasileiro, japonês e também em outros países foram reflexos dos treinamentos cotidianos.

Aos mestres Nobuo Ōgawa e Muneo Miyahara, que me ensinaram os primeiros passos de judô na Associação Registrense de Judô (Arju).

Ao mestre Matsuo Ogawa e, também, aos seus filhos, que me lapidaram e se tornaram a base de todo o meu conhecimento de judô.

Aos mestres japoneses, com os quais pude aprofundar meus conhecimentos e voltar ao Brasil como membro da associação de *kōdansha* Kodokan, da província de Shizuoka.

Aos pais de todos os alunos de judô da Associação Barbosa de Judô (ABJ), pela confiança em mim depositada nos 17 anos de dedicação ao esporte no Japão. Sem essa parceria, não conseguiríamos ter escrito nosso nome no judô japonês e não teríamos conquistado tantos títulos e tantas glórias.

Finalmente, um agradecimento especial à minha filha, Danielli Yuri Barbosa, por ter me proporcionado a honra máxima, como pai e como professor, de vê-la competindo nas Olimpíadas de Pequim, em 2008.

Apresentação

Criado pelo mestre Jigorō Kanō em 1882, o judô, ao longo dos anos, vem passando por várias modificações práticas, não necessariamente na execução dos golpes originais, mas na forma como treinamentos e competições são executados.

Preocupada com a perda de identidade do judô, em razão da mistura técnica com outras artes marciais, a Federação Internacional de Judô resolveu interferir e, por meio das novas regras de arbitragem, coibiu a prática de golpes que implicam alto risco de lesões, devolvendo ao judô a sua beleza e a sua pureza originais.

Nesta coleção, procura-se levar ao leitor o judô ensinado e praticado no Japão, conforme a Kodokan e a All Japan Judo Federation exigem de seus afiliados.

Não basta escrever um livro apenas mostrando os golpes de judô. Os praticantes precisam, em primeiro lugar, aprender as técnicas fundamentais, o que se faz de forma didática na primeira parte deste volume. Aqui, o objetivo é levar ao leitor as informações técnicas dos fundamentos do judô e todos os golpes de projeções que foram criados na Kodokan.

Em razão da enorme quantidade de dados técnicos e de golpes, optou-se por procurar transmitir aos leitores a maneira mais prática de se aprender ou de se conseguir demonstrar os golpes desejados.

Salienta-se, ainda, que a aplicação das técnicas de projeção é elaborada do ponto de vista do autor deste livro, embasada no seu aprendizado e nas suas pesquisas. Ressalta-se, também, que a intenção é ensinar todas as técnicas *te waza*, *koshi waza*, *ashi waza*, *ma sutemi waza* e *yoko sutemi waza*, oficiais da Kodokan.

Algumas técnicas foram proibidas em treinos e em competições, em razão do alto risco de contusões. Vale aqui o alerta para que tais práticas permaneçam no âmbito desportivo e que os golpes proibidos sirvam apenas de complemento de pesquisa e aprofundamento dos conhecimentos técnicos de cada praticante. Atualmente, muitas dessas técnicas proibidas foram praticamente abolidas do judô, por causa das regras da Federação Internacional de Judô. Elas estão presentes aqui porque o objetivo é repassar ao leitor os golpes criados pelo mestre Jigorō Kanō, e não entrar no âmbito da arbitragem. Contudo, as proibições estarão devidamente assinaladas no final de cada técnica ensinada.

Não se pode deixar de fazer uma observação sobre a prática negativa do judô. Lembra-se aos professores de que muitos aprendizes, ao aprenderem técnicas de *kaeshi waza* (contragolpes), passam a ter uma postura altamente defensiva, à espera apenas de dar contragolpes. Por isso, além de transmitir o conhecimento, é preciso que os professores fiquem atentos ao modo que os alunos utilizarão a técnica.

Recomenda-se a todos os leitores que não apliquem as técnicas de projeção caso ainda não tenham o pleno conhecimento sobre quedas.

Esta coleção foi elaborada para auxiliar os judocas em seu aperfeiçoamento técnico, pressupondo que eles já estejam treinando em *dojos* com um professor responsável. Portanto, não se recomenda a prática por pessoas que se julguem autodidatas.

O livro traz dois apêndices. O primeiro resume o Sistema Barbosa de Graduação de Faixas, permitindo ao leitor saber quais são as técnicas exigidas para a graduação em cada uma das diferentes faixas, bem como o volume desta Coleção Judô em que cada técnica é descrita. O segundo traz fotos demonstrativas de treinos de pegadas, combinações de técnicas e contragolpes.

Boa leitura!

序文

　今や世界百数十ヶ国人々に親しまれている日本伝講道館柔道。

　オリンプックや世界選手権をはじめ、スポーツ少年団などを含められればその競技大会は枚挙にいとまがないが、一方おいて創設者嘉納治五郎師範の理想とする柔道の本質が霧にかすみ柔道人口の減少は関係者に一抹の不安を抱かせて居るのも否まない事実である。

　創設以来百十八年の長い歴史と変遷の中、そのあるべき姿を原点に帰して考察すべき時は訪れて居るが、今まさにそれを行わんとするブラジル人柔道家エジソン・シルバ・バルボザが居る。

　十六才で日本人指導者により柔道を知り、今多くのブラジル人の人々と共に日本で生活する傍ら柔道クラブ浜松養神館でその研究に余念がない。

　その人柄と情熱を評価され、柔道少年団の指導者として活動する中、その子供達にも分かりやすい参考書をと本書の上梓に至った。

　これからブラジル、日本両国の青少年が柔道を学ぼうとする時、その手引として大いに役立つであろう事を期するものである。

浜松養新刊元理事長　　　森下　修

Prefácio

Atualmente, pessoas de mais de 110 países têm interesse pelos ensinamentos do tradicional esporte japonês Judô Kodokan.

São diversas as competições, como as Olimpíadas, os campeonatos mundiais e, até mesmo, as competições infantojuvenis, porém, mesmo assim, o ideal do mestre-fundador do judô, Jigorō Kanō, tem se apagado, pois, na realidade, são raros os praticantes que se preocupam com o judô e se dedicam a esse esporte.

Considerando a longa história do judô e suas mudanças desde sua fundação, surge hoje uma figura com o objetivo de estudá-lo e de voltar às suas origens, para conduzir o verdadeiro espírito do esporte: o judoca Edson Silva Barbosa.

Aos 16 anos, estudando com um treinador japonês, aprendeu o esporte e, vivendo no Japão, como muitos brasileiros, treinava o judô intensamente no clube da Hamamatsu Yōshinkan.

Ao dar ao judô o valor que merece, com personalidade e dedicação, Barbosa começou a ensinar os mais jovens, e, então, para tornar-se referência no esporte, trouxe-nos este livro, de fácil compreensão, destinado aos iniciantes na prática.

A partir de agora, quando alguém quiser aprender judô, seja no Brasil ou no Japão, este livro será seu grande guia, para auxiliar a progredir em seus treinamentos.

Osamu Morishita
Ex-presidente da Hamamatsu Yōshinkan

Sumário

Introdução 17

Parte I – Fundamentos do judô 23

    1 Posturas (*Shisē*) 25

    2 Cumprimentos (*Rēhō*) 35

    3 Técnicas de queda (*Ukemi*) 41

    4 Pegadas (*Kumi kata*) 57

    5 Passos (*Shintai*) 61

    6 Movimento giratório do corpo (*Tai sabaki*) 69

    7 Desequilíbrio (*Kuzushi*) 79

Parte II – *Nage waza* (técnicas de projeção: *tachi waza* e *sutemi waza*) 85

    8 Técnicas de mão (*Te waza*) 87

    9 Técnicas de quadril (*Koshi waza*) 125

    10 Técnicas de perna (*Ashi waza*) 149

    11 Técnicas de autossacrifício frontal (*Ma sutemi waza*) 197

    12 Técnicas de autossacrifício lateral (*Yoko sutemi waza*) 209

Parte III – Arbitragem 243

    13 Gestos de arbitragem (*Shinpan'in no yari kata*) 245

Vocabulário 269

Bibliografia consultada 277

Apêndice A – Sistema Barbosa de Graduação de Faixas 279

Apêndice B – Demonstração de treinos de pegadas, combinações de técnicas e contragolpes 297

Sobre o autor 325

Introdução

As origens do judô

O judô foi criado em 1882 pelo mestre Jigorō Kanō, quando este fundou seu próprio *dojo* no templo budista Ēshōji, em Tóquio. Nascia, assim, a Kodokan.

Kanō-*sensē* treinava Jiu-Jítsu desde os 18 anos de idade com os mestres Tēnosuke Yagi e Hachinosuke Fukuda. Com eles, aprendeu as técnicas de *kitō ryū* e *tenjin shin'yō ryū*.

Em 1882, Kanō decidiu criar um novo estilo de luta, retirando os golpes mais violentos e mortais, transformando a nova luta em atividade desportiva. Visava criar não apenas um novo estilo, mas, sim, um novo esporte, o qual todos pudessem praticar, trazendo benefícios mútuos para todos os praticantes, pois ninguém seria campeão se não tivesse com quem praticar.

Os dois princípios básicos ensinados pelo mestre Jigorō Kanō, que nunca serão esquecidos, são:

- *sēryoku zen'yō* (princípio da eficiência, com o mínimo de esforço);
- *jita kyōē* (princípio da prosperidade e dos benefícios mútuos).

A palavra judô (柔道, *jūdō*) vem da junção do ideograma *jū* (柔), que significa "flexível", "suave", com o ideograma *dō* (道), que significa "caminho". Assim, ficou mundialmente conhecido como "caminho suave". A palavra Kodokan (講道館, *Kōdōkan*) tem origem na união dos ideogramas *kō* (講), que significa "associação", *dō* (道), que, como explicado, quer dizer "caminho", e *kan* (館), que significa "prédio" ou "sede".

Vale ressaltar que, no Japão, as artes marciais só podiam ser praticadas por homens. O mestre Jigorō Kanō foi muito ousado para a época ao permitir que mulheres praticassem o judô, o que foi duramente criticado na época.

O judô no Brasil

Consta que o judô chegou ao Brasil com a imigração japonesa. Nessa época, o discípulo do mestre Jigorō Kanō, Mitsuyo Maeda (Conde Koma) chegou ao Pará; ele era faixa preta 4º grau da Kodokan.

Nessa época, havia apresentações e desafios que valiam prêmios em dinheiro, coisas que não eram bem-vistas pelo mestre

Kanō. Com o Conde Koma, chegaram ao Brasil os judocas Tsunejirō Tomita e Shinshirō Satake, que muito ajudaram na implantação e divulgação do judô no Brasil, mais precisamente, na região do Pará.

Com o advento da imigração japonesa, no período pós-Primeira Guerra Mundial, começaram a chegar mais professores, o que impulsionou ainda mais a difusão do judô no Brasil. Em 1923, chegou ao Brasil o professor Takaji Saigō, mas não se adaptou ao novo país e retornou ao Japão. Em 1924, chegou o professor Tatsuo Okoshi (7º *dan* Kodokan), um dos fundadores da Zen Haku Jūdendō Renmei, que ocupou o primeiro cargo de diretor da Federação Paulista de Pugilismo. Em 1928, chegou o professor Yasuichi Ono, procedente de Okayama, que apenas em 1932 conseguiu abrir sua própria associação de judô. Em 1929, chegou ao Brasil o professor Tokuzō Terazaki, que passou a ser o vice-presidente da associação dos graduados em Judô, da qual o presidente era o mestre Katsutoshi Naitō.

Em 1930, chegou ao Brasil o professor Sēsetsu Fukaya, procedente de Kushima. Fukaya-*sensē* foi o fundador de uma das mais famosas associações brasileiras de judô, o *dojo* do Esporte Clube Pinheiros. Em 1931, chegou ao Brasil o professor (6º *dan*) Sobē Tani, de Fukuoka. Fundou sua associação de judô em São Paulo, na região do Jaraguá. Em 1934, chegou o professor Ryūzō Ōgawa (5º *dan*), procedente da região de Fukushima. Ele começou a dar aulas no bairro da Liberdade, na capital paulista, e, posteriormente, construiu a sede da Hombu Budokan, no bairro do Jabaquara. Mestre Ōgawa fundou a Associação de Judô Budokan, em São Paulo. Sua associação passou a ter mais de 100 associações afiliadas, em vários estados brasileiros. Ryūzō Ōgawa faleceu em 1975, e seu, filho Matsuo Ogawa, assumiu a presidência da Associação. Atualmente, a Budokan é conduzida com maestria por Oscar Hitoshi Ogawa e Osvaldo Hatiro Ogawa, filhos do mestre Matsuo.

Na década de 1940, o judô continuou se desenvolvendo e criando raízes no solo brasileiro. O conturbado período da Segunda Guerra Mundial atrapalhou bastante, pois havia muita tensão entre japoneses e brasileiros. O mestre Massao Shinohara (9º *dan*) iniciou a prática de judô em 1940, mas seu mestre decidiu retornar ao Japão para alistar-se para guerra. Em 1947, o mestre Massao decidiu treinar na academia do mestre Ryūzō Ōgawa, no bairro da Liberdade. Foram anos difíceis, pois o mestre Massao morava em Embu, mas, ao conseguir a faixa preta 3º *dan*, foi abordado pelo mestre Ōgawa, autorizando-o a ensinar o judô. Assim, começava, no Valo Velho, sua brilhante carreira de professor.

Na década de 1950, o judô brasileiro começou a crescer com mais força. Por meio do esporte, o entrosamento entre brasileiros e japoneses foi consolidado e problemas de racismo foram superados; falando mais alto, o judô. Em 1951, chegou ao Brasil Kastriot "George" Mehdi, com 16 anos de idade. Foi um grande atleta competidor e posteriormente fundou sua academia em Ipanema (Rio de Janeiro). Mehdi-*sensē* foi um dos grandes difusores do judô no Rio. Sua academia já tem mais de 40 anos de atividade. Em 1954, foi feito o primeiro campeonato brasileiro de judô. Em 1956, o mestre Massao mudou-se para a Vila Sônia, onde abriu sua academia. Seu estilo de ensino, técnicas e formas de treinamentos tornaram a academia uma das mais famosas do Brasil. Em 1958, foi fundada a Federação Paulista de Judô.

Nas décadas de 1960 e 1970, o professor Mehdi foi um dos maiores difusores do judô no Brasil, tendo sido técnico da seleção brasileira por mais de 15 anos. Atualmente, ele tem a graduação de 9º *dan*. O mestre 9º *dan* Liogi Suzuki, residente no Paraná, brilhou muito como atleta competidor nas décadas de 1960 e 1970. Foram vários títulos de grande relevância nacional e internacional. Chiaki Ishii chegou ao Brasil em 1964, naturalizou-se brasileiro e conquistou a primeira medalha olímpica para o Brasil, em Munique, no ano de 1972. Em 1969, foi fundada a Confederação Brasileira de Judô (CBJ). Luiz Juniti Shinohara, filho de Massao Shinohara, foi medalhista no Pan-Americano de 1975 (medalha de bronze) e de 1979 (medalha de prata). Atualmente, ele é o técnico da seleção brasileira masculina de judô.

A partir da década de 1980, o número de mestres cresceu bastante, mostrando a evolução e a aceitação do judô no cenário nacional.

Muitos atletas representaram o Brasil em Olimpíadas, mundiais, pan-americanos e diversas outras competições internacionais.

Diversos alunos do mestre Massao Shinohara obtiveram êxito no cenário do judô: Luiz Yoshio Onmura ganhou a medalha de bronze na Olimpíada de 1984; Aurélio Miguel foi campeão olímpico em 1988 e ganhou a medalha de bronze em 1996; Elton Fiebig conquistou a medalha de bronze no mundial de 1992; Carlos Honorato foi medalha de prata nas Olimpíadas de 2000.

Em 1992, o judoca Rogério Sampaio sagrou-se campeão olímpico em Barcelona.

Em 2008, o judô feminino conquistou sua primeira medalha olímpica, em Pequim, com a judoca Ketleyn Quadros.

O maior destaque feminino ficou por conta da judoca Sarah Menezes, que foi bicampeã mundial na categoria júnior, ganhou três medalhas de bronze nos mundiais sênior e a medalha de ouro nas Olimpíadas de Londres, em 2012.

Outro nome forte do judô nacional na atualidade é Mayra Aguiar, que ganhou as seguintes medalhas: de prata e bronze em Jogos Pan-Americanos; de ouro, prata e bronze em campeonatos mundiais júnior; de ouro, de prata e duas de bronze em campeonatos mundiais sênior. Para coroar sua carreira, obteve a medalha de bronze nas Olimpíadas de Londres, em 2012.

A seguir, as principais conquistas dos judocas brasileiros de todos os tempos.

Tabela I.1 – Número de medalhas conquistadas pelo judô brasileiro nos principais campeonatos

Competição	Período	Medalha de ouro	Medalha de prata	Medalha de bronze
Olimpíadas	1972	0	0	1
	1984 e 1988	1	1	2
	1992 e 1996	1	0	2
	2000, 2004 e 2008	0	2	5
	2012	1	0	3
	2016	1	0	2
Mundial Sênior	1971 e 1979	0	0	2
	1987	1	1	2
	1993, 1995, 1997 e 1999	2	0	4
	2003, 2005 e 2007	4	0	5
	2010, 2011, 2013 e 2014	2	9	8
Mundial Júnior	1974 e 1976	0	1	1
	1983 e 1986	1	0	2
	1990, 1992, 1994, 1996 e 1998	2	7	4
	2000, 2002, 2004, 2006, 2008 e 2009	7	1	10
	2010, 2011, 2013 e 2014	2	6	8
Pan-Americanos	1963 e 1967	3	3	1
	1971, 1975 e 1979	5	3	4
	1983 e 1987	5	8	10
	1991, 1995 e 1999	3	8	21
	2003 e 2007	9	7	7
	2011	6	2	4
	2015	5	2	6
Total		61	61	114

Atualmente, o nível técnico de nossos atletas é reconhecido no mundo todo. O desenvolvimento deve-se, principalmente, ao fato de que houve uma mudança de costumes entre os professores que buscavam preparar atletas de alto rendimento. No início, os professores mais tradicionais ficaram muito irritados, pois pensavam na tradição dos mestres que vieram do Japão, e se algum atleta recebesse dinheiro pelo judô seria muito malvisto pela comunidade.

No final da década de 1980, os professores foram percebendo que, para conseguir competir e ter chances internacionalmente, precisariam mudar muito o tipo de treinamento físico, técnico, nutricional, psicológico etc.

Felizmente, chegamos hoje a um equilíbrio, mantendo a tradição na maioria das academias, e o judô de competição tem sido praticado em clubes grandes, nos quais se proporciona aos atletas uma remuneração compatível, alimentação apropriada, treinamento físico profissional, assistência médica, nutricionista, psicólogo e, obviamente, um treino técnico de alto nível.

Nage waza

São os golpes de projeção criados pelo mestre Jigorō Kanō. Dividem-se em *tachi waza* e *sutemi waza*.

Tachi waza são as técnicas de projeções em que o *tori* (quem aplica o golpe) permanece em pé após a execução do golpe.

Sutemi waza são as técnicas de autossacrifício e dividem-se em frontais (*ma sutemi waza*) e laterais (*yoko sutemi waza*). Para que o *tori* consiga derrubar o *uke* (quem recebe o golpe), ele precisa cair primeiro, senão, não conseguirá derrubar o oponente.

Fundamentos do judô

Parte I

1 Posturas (Shisē)

1.1 Choku ritsu (posição de sentido)

Os dois calcanhares devem estar juntos, com uma abertura de, aproximadamente, 30° em relação aos dedos dos pés.

1.2 Sēza (posição ajoelhada)

Inicia-se na postura *choku ritsu* e desliza-se o pé esquerdo para trás, posicionando o joelho no solo, ao lado do pé direito. Simultaneamente, flexiona-se a perna direita, colocando a mão direita na coxa, perto da virilha.

Em seguida, coloca-se o joelho direito no solo, a uma distância aproximada de 30 cm do esquerdo.

O próximo passo é colocar o dedão do pé direito em cima do dedão do pé esquerdo.

Na finalização, senta-se sobre os pés e posicionam-se as mãos nas coxas, perto da virilha, com os dedos voltados para dentro.

Observação: judocas do sexo feminino costumam fazer a posição encostando os dois joelhos.

1.3 Shizen hontai (posição natural)

Inicia-se na postura *choku ritsu*.

Em seguida, deve-se avançar o pé esquerdo cerca de 20 cm à frente e à esquerda.

Na finalização, avança-se o pé direito à frente e à direita, posicionando-o paralelamente ao pé esquerdo, a uma distância aproximada de 30 cm.

As mãos devem ficar soltas, tocando levemente as coxas pelo lado de fora.

1.3.1 Hidari shizentai (posição natural à esquerda)

Avança-se o pé esquerdo cerca de 30 cm à frente e à esquerda.

1.3.2 Migi shizentai (posição natural à direita)

Avança-se o pé direito cerca de 30 cm à frente e à direita.

1.4 Kyōshi (posição de professor)

Inicia-se na postura *shizen hontai*.

Em seguida, coloca-se o joelho esquerdo no solo a cerca de 30 cm do pé direito, posicionando a mão direita ao lado da virilha, com os dedos voltados para dentro.

Na finalização, posiciona-se a perna direita a 90° em relação à perna esquerda, colocando a mão direita a ponto de tocar o joelho. Esta postura é utilizada na demonstração de *katame no kata*.

1.5 Jigo hontai (posição defensiva frontal)

Partindo da posição *shizen hontai*, avança-se o pé esquerdo aproximadamente 25 cm à frente e à esquerda.

Em seguida, avança-se o pé direito à frente e à direita, posicionando-o paralelamente ao esquerdo em, aproximadamente, 40 cm de distância.

Posicionam-se as mãos nas coxas, perto da virilha, e flexionam-se as pernas, de maneira que as costas fiquem em um ângulo de 90° em relação ao solo.

1.5.1 Hidari jigotai (posição defensiva à esquerda)

Inicia-se com a postura *jigo hontai*.

Em seguida, avança-se o pé esquerdo cerca de 40 cm à frente e à esquerda, em um ângulo de 30° em relação à postura inicial.

Na finalização, flexionam-se as pernas e mantém-se a postura das costas em um ângulo de 90° em relação ao solo.

1.5.2 Migi jigotai (posição defensiva à direita)

Inicia-se com a postura *jigo hontai*.

Em seguida, avança-se o pé direito cerca de 40 cm à frente e à direita, em um ângulo de 30° em relação à postura inicial.

Na finalização, flexionam-se as pernas e mantém-se a postura das costas em um ângulo de 90° em relação ao solo.

2 Cumprimentos (Rēhō)

2.1 Ritsurē (cumprimento em pé)

Inicia-se na postura *choku ritsu*, curvando-se à frente em um ângulo de, aproximadamente, 30°.

As mãos devem deslizar em direção aos joelhos, até quase tocá-los.

2.2 Zarē (cumprimento no solo)

Inicia-se na postura *choku ritsu*.

Dobrar as pernas, colocando o joelho esquerdo no tatame.

Sentar sobre os pés, ficando na postura *sēza*. As mãos devem deslizar sobre as coxas até atingir o tatame, distantes cerca de 15 cm e voltadas para dentro.

A distância aproximada da cabeça até o solo é de 30 cm. Dessa forma, os braços ficarão com um formato de triângulo.

2.3 Kyōshi (cumprimento de professor)

Inicia-se na postura *choku ritsu*, fazendo, em seguida, a postura *sēza*. O cumprimento é feito na postura *zarē*.

Depois, retorna-se à postura *choku ritsu*, passando, em seguida, para *shizen hontai*.

Faz-se a postura *kyōshi*, colocando o joelho esquerdo no tatame, onde estava o pé esquerdo.

Simultaneamente, flexiona-se a perna direita e coloca-se a mão direita próxima à virilha. Em seguida, avança-se cerca de 30 cm o pé direito à frente.

Na finalização, desliza-se o pé direito à direita, até formar um ângulo de 90°. Posiciona-se a mão direita na coxa, ao ponto de tocar o joelho.

Este cumprimento é utilizado na demonstração de *katame no kata*.

3 Técnicas de queda (Ukemi)

3.1 Ushiro ukemi (queda para trás, deitado)

Quem está começando a aprender judô só fará os exercícios de batidas de mãos e posteriormente aprenderá os respectivos *ukemi*.

O praticante deve deitar-se no tatame com os pés juntos, posicionar as mãos na altura do umbigo e manter a cabeça levantada a 10 cm do chão, aproximadamente.

Inicia-se o treinamento levantando os braços esticados.

Deve-se bater as mãos com firmeza no tatame, a cerca de 30 cm do corpo.

Levantam-se novamente os braços e volta-se a bater no tatame. A princípio, esse movimento deverá ser repetido várias vezes.

3.2 Ushiro ukemi (queda para trás, sentado)

Inicia-se sentado, com os braços esticados à frente. Em seguida, deita-se de costas, batendo os braços com força no tatame, a cerca de 30 cm do corpo.

As pernas devem ser levantadas esticadas, formando um ângulo de 90° em relação ao corpo.

Para não bater a cabeça no chão, recomenda-se que o aluno encoste o queixo no peito.

3.3 Ushiro ukemi (queda para trás, em pé)

Inicia-se na posição *choku ritsu*, flexionam-se as pernas e, em seguida, salta-se para trás, batendo os dois braços, esticados, no tatame, um pouco antes das costas tocarem o chão.

As duas pernas devem permanecer esticadas e o queixo deve ficar encostado no esterno, evitando que a cabeça toque o solo.

3.4 Hidari yoko ukemi (queda lateral à esquerda, deitado)

O praticante deve deitar-se no tatame com os pés juntos, posicionar as mãos na altura do umbigo e manter a cabeça levantada a cerca de 10 cm do solo.

Inicia-se levantando as pernas a 40 cm do tatame, aproximadamente, mantendo uma distância de cerca de 30 cm entre os pés.

Gira-se o corpo à esquerda e batem-se simultaneamente o braço esquerdo e a perna esquerda no tatame. O braço deve permanecer esticado e a mão deve estar a cerca de 25 cm de distancia da coxa. A mão direita deve ficar espalmada na região do umbigo.

A perna esquerda deve estar esticada lateralmente e a perna direita, ligeiramente flexionada. A distância entre os pés deve ser de, aproximadamente, 35 cm.

3.5 Migi yoko ukemi (queda lateral à direita, deitado)

O praticante deve deitar-se no tatame com os pés juntos, posicionar as mãos na altura do umbigo e manter a cabeça levantada a cerca de 10 cm do solo.

Inicia-se levantando as pernas a 40 cm do tatame, aproximadamente, mantendo uma distância de cerca de 30 cm entre os pés.

Gira-se o corpo à direita e batem-se simultaneamente o braço direito e a perna direita no tatame. O braço deve permanecer esticado e a mão deve estar a cerca de 25 cm de distância da coxa. A mão esquerda deve ficar espalmada na região do umbigo.

A perna direita deve estar esticada lateralmente e a perna esquerda, ligeiramente flexionada. A distância entre os pés deve ser de, aproximadamente, 35 cm.

3.6 Hidari yoko ukemi (queda lateral à esquerda, em pé)

Inicia-se na postura *shizen hontai*, leva-se a perna esquerda para o lado direito, simulando um escorregão, de forma que se caia para a esquerda.

Nesse momento, deve-se bater o braço esquerdo esticado no tatame e a mão direita deve ser posicionada no umbigo.

A perna esquerda deve estar esticada lateralmente no tatame e a perna direita, ligeiramente flexionada.

3.7 Migi yoko ukemi (queda lateral à direita, em pé)

Inicia-se na postura *shizen hontai*, leva-se a perna direita para o lado esquerdo, simulando um escorregão, de forma que se caia para a direita.

Nesse momento, deve-se bater o braço direito esticado no tatame e a mão esquerda deve ficar espalmada na região do umbigo.

A perna direita deve estar esticada lateralmente no tatame e a perna esquerda, ligeiramente flexionada.

3.8 Mae ukemi (queda frontal, em pé)

Inicia-se na postura *shizen hontai*. Em seguida, afastam-se os pés a uma distância de, aproximadamente, 60 cm. Flexionam-se os braços, de forma que as mãos fiquem a cerca de 20 cm do nariz.

Na sequência, projeta-se o tronco à frente, batendo fortemente os braços flexionados no tatame, amortecendo a queda e evitando o contato do rosto com o solo.

Não se deve flexionar as pernas, para que os joelhos não toquem o solo, evitando-se, assim, uma lesão.

3.9 Hidari mae mawari ukemi (queda frontal com rolamento à esquerda, em pé)

Inicia-se na postura *hidari shizentai*, porém, com um passo maior (cerca de 40 cm). Em seguida, colocam-se as mãos no tatame: a esquerda mais perto do corpo, e a direita mais à frente. As duas mãos devem estar voltadas para dentro.

Para finalizar a técnica, faz-se um impulso com o pé direito e o rolamento por cima do ombro esquerdo.

Ao cair, bate-se fortemente o braço direito, esticado, no chão.

A velocidade é o elemento que determina se o praticante acabará o movimento em pé. A falta de impulso vai resultar na perda de velocidade e o aluno não conseguirá ficar em pé.

3.10 Migi mae mawari ukemi (queda frontal com rolamento à direita, em pé)

Inicia-se na postura *migi shizentai*, só que com um passo maior (cerca de 40 cm). Em seguida, colocam-se as mãos no tatame: a direita mais perto do corpo, e a esquerda mais à frente. As duas mãos dever estar voltadas para dentro.

Para finalizar a técnica, faz-se um impulso com o pé esquerdo e o rolamento por cima do ombro direito. Ao cair, bate-se fortemente o braço esquerdo, esticado, no chão.

A velocidade é o elemento que determina se o praticante acabará o movimento em pé. A falta de impulso vai resultar na perda de velocidade, e o aluno não conseguirá ficar em pé.

4 Pegadas (Kumi kata)

4.1 Migi kumi kata (pegada pela direita)

Os adversários seguram a manga do braço direito do *jūdōgi* do oponente com suas mãos esquerdas. A pegada pela direita é feita ao segurar a gola do *jūdōgi* do adversário.

4.2 Hidari kumi kata (pegada pela esquerda)

Os adversários seguram a manga do braço esquerdo do *jūdōgi* do oponente com suas mãos direitas. A pegada pela esquerda é feita ao segurar a gola do *jūdōgi* do adversário.

4.3 Kenka kumi kata (pegadas invertidas)

Muito conhecida como "briga de pegadas" (*kenka*). Ocorre quando um lutador é destro e o outro, canhoto. Um faz a pegada *hidari kumi kata* e o outro, a *migi kumi kata*.

5 Passos (Shintai)

5.1 Ayumi ashi (passos normais)

A tradução literal, no contexto do judô, seria "marcha", mas, na prática, trata-se dos passos normais utilizados nas modalidades *randori* e *shiai*.

5.2 Tsugi ashi (passo a passo)

Muito utilizado nas demonstrações de *kata*, é conhecido como "passo a passo", em razão do movimento sequencial.

Por exemplo, o praticante dá um passo para trás com o pé esquerdo.

Na sequência, coloca o pé direito paralelamente, repetindo o movimento.

5.3 Tsuri ashi (passos arrastados)

Muito utilizado nas demonstrações de *kata*, trata-se de um passo especial, pois a ênfase está na simetria de movimentos.

O praticante deve arrastar a parte inferior dos pés no tatame, andando à frente e saindo um pouco para o lado de fora a cada passo.

O *tsuri ashi* é usado no *kata* pelo *tori* (uniforme branco; quem aplica o golpe) e pelo *uke* (uniforme azul; quem recebe o golpe), antes e depois das demonstrações das técnicas.

5.4 Kyōshi (passo de professor)

Após o cumprimento *zarē*, *tori* e *uke* fazem o cumprimento *kyōshi*.

Em seguida, o *tori* se levanta e caminha em *tsuri ashi*, até chegar perto do *uke*, parando na postura *shizen hontai*.

O *tori* faz a postura e o cumprimento *kyōshi*, fechando, em seguida, a perna direita. Prossegue, dando dois passos à frente e abrindo a perna direita.

Então, o *tori* realiza a demonstração da técnica desejada e, ao terminá-la, dá dois passos para trás, cumprimenta o *uke* e levanta.

Esse passo é utilizado na demonstração de *katame no kata*.

6 Movimento giratório do corpo (Tai sabaki)

É o movimento giratório do corpo, feito pelo *tori*, para aplicar a técnica desejada.

Observação: a posição inicial para todos os movimentos descritos neste capítulo é a mostrada ao lado.

6.1 Mae migi sabaki (giro à frente, à direita)

O *tori* avança o pé direito à frente e à direita. Em seguida, leva o pé esquerdo paralelamente ao direito, girando o corpo à esquerda.

6.2 Mae hidari sabaki (giro à frente, à esquerda)

O *tori* avança o pé esquerdo à frente e à esquerda. Em seguida, leva o pé direito paralelamente ao esquerdo, girando o corpo à direita.

6.3 Ushiro migi sabaki (giro para trás, à direita)

O *tori* recua o pé direito, em um movimento circular, formando um ângulo de 90° e virando o corpo à direita.

6.4 Ushiro hidari sabaki (giro para trás, à esquerda)

O *tori* recua o pé esquerdo, em um movimento circular, formando um ângulo de 90° e virando o corpo à esquerda.

6.5 Mae migi mawari sabaki (giro completo à frente, à direita)

O *tori* avança o pé direito, colocando-o à frente do pé direito do *uke*.

Em seguida, gira o próprio corpo da direita para a esquerda e à frente (180°).

Fica, então, com o pé esquerdo paralelo ao direito.

6.6 Mae hidari mawari sabaki (giro completo à frente, à esquerda)

O *tori* avança o pé esquerdo, colocando-o à frente do pé esquerdo do *uke*.

Em seguida, gira o próprio corpo da esquerda para a direita e à frente (180°), ficando com o pé direito paralelo ao esquerdo.

6.7 Ushiro migi mawari sabaki (giro completo para trás, à direita)

O *tori* recua o pé direito, em um grande movimento circular de 180°, girando o corpo no sentido horário.

Em seguida, posiciona o pé esquerdo paralelamente ao pé direito.

6.8 Ushiro hidari mawari sabaki (giro completo para trás, à esquerda)

O *tori* recua o pé esquerdo, em um grande movimento circular de 180°, girando o corpo no sentido anti-horário.

Em seguida, posiciona o pé direito paralelamente ao pé esquerdo.

7 Desequilíbrio (Kuzushi)

É um dos segredos para conseguir aplicar as técnicas de judô com perfeição. Existem oito formas de aplicação do desequilíbrio, as quais serão descritas neste capítulo.

7.1 Mae kuzushi (desequilíbrio para a frente)

O *tori* puxa o *uke* em sua direção. Dessa forma, o *uke* se desequilibrará à sua frente.

7.2 Ushiro kuzushi (desequilíbrio para trás)

O *tori* empurra o *uke* para a frente. Dessa forma, o *uke* se desequilibrará para trás.

7.3 Migi kuzushi (desequilíbrio para a direita)

O *tori* puxa o *uke* da direita para a esquerda, dando prioridade à puxada do braço direito do *uke* (ambos devem estar fazendo pegada com a mão direita). Assim, o *uke* ficará desequilibrado para o seu lado direito.

7.4 Hidari kuzushi (desequilíbrio para a esquerda)

O *tori* puxa o *uke* da esquerda para a direita, dando prioridade à puxada de sua pegada na gola com a mão direita.

7.5 Mae migi sumi kuzushi (desequilíbrio para a frente e para a direita)

O *tori* puxa a mão esquerda para a esquerda e para trás, e puxa a mão direita em sua direção e para a esquerda. Dessa forma, o *uke* se desequilibrará à sua direita e à frente.

7.6 Mae hidari sumi kuzushi (desequilíbrio para a frente e para a esquerda)

O *tori* puxa a mão direita para a direita e para trás. O movimento da mão esquerda deve ser feito da esquerda para a direita. Dessa forma, o *uke* se desequilibrará à esquerda e à frente.

7.7 Ushiro migi sumi kuzushi (desequilíbrio para trás e para a direita)

O *tori* faz puxada da mão esquerda para a esquerda e para a frente. Ao fazer a pegada na gola, empurra o *uke* para a frente e para a esquerda. Dessa forma, o *uke* se desequilibrará para trás e para a direita.

7.8 Ushiro hidari sumi kuzushi (desequilíbrio para trás e para a esquerda)

O *tori* empurra a gola para a frente e para a direita. A mão esquerda faz o movimento para a direita e para a frente. Dessa forma, o *uke* se desequilibrará para a sua esquerda e para trás.

Nage waza (técnicas de projeção: tachi waza e sutemi waza)

Parte II

8 Técnicas de mão (Te waza)

8.1 Seoi nage

- Classificação: *nage waza, tachi waza, te waza*.
- Postura inicial: *shizen hontai*.
- Pegada: *migi kumi kata*.
- Passos: *tsugi ashi*.
- Desequilíbrio/puxada: *mae kuzushi*.
- Movimento do *tori*: *mae migi mawari sabaki*.
- Aplicação: o *tori* empurra o *uke* para trás e força o oponente a esboçar uma reação no sentido contrário. Nesse momento, o *tori* deve fazer o *kuzushi*, puxando o *uke* e encaixando o braço direito, dobrado, na axila do adversário.

Simultaneamente, faz o giro do corpo e se posiciona à frente do *uke*, fazendo uma leve flexão das pernas.

Para finalizar, faz-se a puxada da mão esquerda, trazendo o adversário com a puxada da pegada direita, projetando o oponente por cima do ombro direito, de forma que ele caia à frente do executante do movimento.

É importante o movimento do joelho direito do *tori*, pois ele serve de eixo e absorve mais carga no momento da projeção do adversário.

- Dica: orienta-se sempre que o *tori* olhe para o seu pé esquerdo quando estiver fazendo a projeção, para que a técnica seja executada da forma correta.

8.2 Tai otoshi

- Classificação: *nage waza, tachi waza, te waza*.
- Postura inicial: *shizen hontai*.
- Pegada: *migi kumi kata*.
- Passos: *ayumi ashi*.
- Desequilíbrio/puxada: *mae migi sumi kuzushi*.
- Movimento do *tori*: *mae migi sabaki*.

- Aplicação: a movimentação é feita em passos normais. A demonstração ideal é feita quando o *tori* estiver se movimentando para trás. O *tori* inicia a entrada colocando o pé direito perto do pé esquerdo do *uke* (lado de dentro).

Simultaneamente, o *tori* inicia o *kuzushi*, empurrando a mão direita em direção ao pescoço do *uke* e posicionando o cotovelo na direção da axila do oponente. Em seguida, o *tori* movimenta seu pé esquerdo para a direita, colocando-o atrás do direito a, aproximadamente, 35 cm. Logo depois, desloca o pé direito para que fique ao lado do pé direito do *uke* (por fora), flexionando a perna esquerda.

Para finalizar a técnica, as puxadas das mãos são feitas em um movimento giratório, sentido anti-horário, projetando o *uke* à frente do executante.

8.3 Kata guruma

- Classificação: *nage waza, tachi waza, te waza*.
- Postura inicial: *shizen hontai*.
- Pegada: *migi kumi kata*.
- Passos: *tsugi ashi*.
- Desequilíbrio/puxada: *mae migi sumi kuzushi*.
- Movimento do *tori*: *ushiro hidari sabaki*.
- Aplicação: o *tori* inicia o movimento trocando a pegada da mão esquerda, passando por dentro. Em seguida, recua o pé esquerdo cerca de 40 cm, fazendo um movimento giratório de 90°.

Na sequência, o *tori* faz o *kuzushi*, puxando o braço direito do *uke* para cima, colocando a cabeça na altura da faixa e a mão direita na coxa direita do oponente.

Após a entrada, levanta-se o *uke* acima da cabeça, ficando paralelo ao solo.

O *tori* finaliza a técnica puxando o pé esquerdo a, aproximadamente, 30 cm do pé direito (*shizen hontai*). Depois, projeta o oponente à frente e à esquerda.

8.4 Sukui nage (I)

- Classificação: *nage waza, tachi waza, te waza*.
- Postura inicial: *shizen hontai*.
- Passos: *ayumi ashi*.
- Desequilíbrio/puxada: *ushiro kuzushi*.
- Movimento do *tori*: inicia-se com *mae hidari sabaki*.

- Aplicação: o *tori* avança o pé direito paralelo ao pé direito do *uke* (pelo lado de fora). Em seguida, coloca o pé esquerdo atrás do pé esquerdo do oponente, flexionando as duas pernas (*jigo hontai*). Simultaneamente, o *tori* apoia a mão esquerda na coxa esquerda do *uke*.

Para finalizar a projeção, coloca a mão direita na dobra do joelho direito do oponente, puxando para cima e, com o auxílio do braço esquerdo, faz a projeção do *uke* à esquerda.

8.5 Sukui nage (II)

- Classificação: *nage waza, tachi waza, kaeshi waza, te waza*.
- Postura: *shizen hontai*.
- Pegada: *migi kumi kata*.
- Passos: *ayumi ashi*.
- Desequilíbrio/puxada: *ushiro kuzushi*.
- Movimento inicial do *uke*: *mae migi mawari sabaki*.

- Aplicação: é utilizado para vários contragolpes (*uchi mata, harai goshi, ōsoto gari, hane goshi* etc.). Aqui, o contragolpe será demonstrado para *uchi mata*. O *uke* faz a entrada, tentando projetar o *tori* com *hane goshi*. Nesse momento, o *tori* se defende fazendo a postura *jigo hontai*, e, com a mão direita, segura a coxa direita do *uke*.

Em seguida, levanta o *uke* do solo, esticando o braço esquerdo e erguendo o máximo possível o braço direito, de forma que o oponente fique acima do ombro direito.

Para finalizar, projeta o *uke* à sua frente.
- Observação: no Brasil, esta técnica leva o nome de *te guruma*, mas, no Japão, esse nome não é reconhecido.

8.6 Uki otoshi

- Classificação: *nage waza, tachi waza, te waza*.
- Postura inicial: *shizen hontai*.
- Pegada: *migi kumi kata*.
- Passos: *tsugi ashi*.
- Desequilíbrio/puxada: *mae migui sumi kuzushi*.

- Aplicação no *kata* para *shodan*: o *tori* faz a pegada com a mão direita e dá um passo para trás, em *tsugi ashi* (pé esquerdo primeiro), puxando forte o *uke*, para que ele ande também. O *tori* faz o segundo passo normalmente. Ao afastar o pé esquerdo para dar o terceiro passo, dobra a perna e coloca o joelho no chão. Nesse momento, faz o *kuzushi* à frente e à direita do *uke*.

Para finalizar, dá sequência ao movimento, fazendo uma puxada forte com o braço esquerdo na altura do ombro. Simultaneamente, o *tori* deve fazer um movimento brusco com o braço direito no sentido anti-horário, para conseguir fazer a projeção do oponente, que é obrigado a fazer *migi mae mawari ukemi*.

Depois da projeção, o *tori* faz a postura *kyōshi*.

8.7 Sumi otoshi

- Classificação: *nage waza, tachi waza, te waza*.
- Postura inicial: *shizen hontai*.
- Pegada: *migi kumi kata*.
- Passos: *ayumi ashi*.
- Desequilíbrio: *hidari kuzushi*.

- Aplicação: o *kuzushi* é feito quando o *uke* estiver andando para trás e colocar o pé direito no tatame. Nesse momento, o *tori* aproveita para fazer o *kuzushi*, puxando o oponente para a direita. Quando o *uke* sente que está sendo puxado, procura recuperar o equilíbrio, fazendo força na direção contrária. Executa-se a técnica rapidamente, explorando ao máximo o balanço do corpo do *uke*, aproveitando a força de ambos.

Após o *kuzushi*, o *tori* dá um grande passo com a perna esquerda, virando o pé num ângulo de 90°, para sustentar todo o peso do seu corpo. A finalização se dá após o deslocamento, no qual uma puxada forte do braço esquerdo do *tori* deve ser sincronizada com um empurrão do braço direito, em um movimento da direita para a esquerda, de baixo para cima. O movimento ideal é similar ao sentido anti-horário de um relógio. O sucesso da técnica se dá quando há bastante treino, até conseguir a perfeição no tempo certo de execução do golpe.

8.8 Obi otoshi

- Classificação: *nage waza, tachi waza, te waza*.
- Postura inicial: *shizen hontai*.
- Pegada: específica da técnica.
- Passos: *ayumi ashi*.
- Desequilíbrio/puxada: *ushiro kuzushi*.
- Aplicação: o *tori* segura a faixa do *uke* com a mão direita, na altura do umbigo. Em seguida, o *uke* coloca seu pé direito ao lado do pé direito do *tori* (pelo lado de fora). Na sequência, o *tori* coloca o pé esquerdo atrás do pé esquerdo do *uke*, flexionando as pernas na postura *jigo hontai*. Simultaneamente, coloca a mão esquerda na coxa da perna esquerda do *uke*.

Para finalizar a técnica, o *tori* utiliza a perna esquerda como alavanca. Para a projeção do *uke*, o *tori* puxa fortemente a faixa para a esquerda e usa o braço esquerdo para empurrá-lo à esquerda.

8.9 Seoi otoshi

- Classificação: *nage waza, tachi waza, te waza*.
- Postura inicial: *shizen hontai*.
- Pegada: *migi kumi kata*.
- Passos: *ayumi ashi*.
- Desequilíbrio/puxada: *mae migi sumi kuzushi*.
- Movimento do *tori*: *mae migi mawari sabaki*.
- Aplicação: deve ser aplicado quando o *tori* estiver se deslocando para trás. Para iniciar o golpe, o *tori* faz o *kuzushi*, puxando o *uke* à frente e à direita.

Em seguida, encaixa o braço direito dobrado na axila do braço direito do *uke* e completa o giro do corpo à frente, num ângulo de 180°. Para completar o *tai sabaki*, o *tori* coloca o pé direito ao lado do pé direito do *uke* (pelo lado de fora) e flexiona a perna esquerda.

Para finalizar, o *tori* faz a puxada da mão esquerda e projeta o parceiro por cima de seu ombro direito, provocando a sua queda.

8.10 Yama arashi*

- Classificação: *nage waza, tachi waza, te waza*.
- Postura inicial: *shizen hontai*.
- Pegada: *eri migi kumi kata* (gola contrária).
- Passos: *tsugi ashi*.
- Desequilíbrio/puxada: *mae migi sumi kuzushi*.
- Movimento do *tori*: *mae migi mawari sabaki*.

* Observação: técnica proibida.

- Aplicação: o *tori* faz a pegada na gola contrária (*eri*), com o dedo polegar dentro do *jūdōgi* do parceiro. Em seguida, entra com o pé direito à frente do pé direito do *uke* e faz um giro de 180°, ficando de costas para o parceiro. Simultaneamente, faz o *kuzushi*, deslocando o *uke* à frente e à direita.

Após o *kuzushi*, o *tori* utiliza a sola do pé direito para golpear um pouco acima do tornozelo da perna direita do *uke*. A finalização do golpe se dá quando o *tori* faz uma puxada forte da mão esquerda (o movimento do braço direito empurrando da direita para a esquerda, e o movimento da perna, para trás).

- Observação: a criação desse golpe não teve fins desportivos. Na época de sua invenção, ainda havia muita rivalidade entre os praticantes de judô e de jiu-jítsu, que, no começo, enfrentavam-se em desafios de vida ou morte. O *yama arashi* é muito semelhante à técnica *harai goshi*, que é menos violenta.

8.11 Morote gari

- Classificação: *nage waza, tachi waza, te waza*.
- Postura inicial: *shizen hontai*.
- Passos: *ayumi ashi*.
- Pegada: nas pernas do *uke*.
- Desequilíbrio/puxada: não tem *kuzushi* antes da aplicação do golpe.
- Aplicação: o *tori* avança o pé direito, posicionando-o ao lado do pé esquerdo do *uke* (pelo lado de dentro). Em seguida, segura as dobras das pernas do parceiro e posiciona a cabeça perto das costelas do lado direito do *uke*.

Para finalizar, o *tori* puxa os dois braços para trás e para cima.

Simultaneamente, empurra o tórax do *uke* com os ombros e provoca sua queda no tatame.

8.12 Kuchiki taoshi

- Classificação: *nage waza, tachi waza, te waza*.
- Postura inicial: *shizen hontai*.
- Pegada (inicial): *migi kumi kata*.
- Passos: *ayumi ashi*.
- Desequilíbrio/puxada: *ushiro migi sumi kuzushi*.
- Aplicação: o *tori* inicia a técnica ao puxar o braço direito do *uke* para o lado esquerdo e, com a pegada na gola, empurra o oponente. Esta técnica deve ser feita com muita rapidez em todos os detalhes. Simultaneamente ao *kuzushi*, o *tori* posiciona seu pé esquerdo a cerca de 20 cm do pé direito do *uke* (pelo lado de fora) e, com a mão direita, segura a perna direita do *uke* um pouco acima da panturrilha.

Para finalizar, o *tori* puxa com vigor a mão esquerda ao lado esquerdo e à frente. A mão direita deve auxiliar, levantando a perna do adversário, provocando, assim, a sua queda no tatame.

8.13 Kibisu gaeshi

- Classificação: *nage waza, tachi waza, te waza*.
- Postura inicial: *shizen hontai*.
- Pegada: *migi kumi kata*.
- Passos: *ayumi ashi*.
- Desequilíbrio: *ushiro migi sumi kuzushi*.
- Aplicação: o *tori* inicia a técnica puxando o braço direito do *uke* para o lado esquerdo e, com a pegada na gola, empurra o oponente. Simultaneamente ao *kuzushi*, o *tori* posiciona seu pé esquerdo a cerca de 20 cm do pé direito do *uke* (pelo lado de fora) e, com a mão direita, segura o calcanhar do oponente.

Para finalizar, faz uma puxada forte da mão esquerda para o lado e para a frente, enquanto puxa o pé direito do *uke* para cima.

8.14 Uchi mata sukashi

- Classificação: *nage waza, tachi waza, kaeshi waza, te waza*.
- Postura inicial: *shizen hontai*.
- Pegada: *migi kumi kata*.
- Passos: *ayumi ashi*.
- Desequilíbrio/puxada: *mae hidari sumi kuzushi*.
- Movimentação: *ushiro hidari sabaki* (para a defesa do *tori*), *mae hidari sabaki* (para contragolpear).
- Aplicação: por ser uma técnica de contragolpe, a iniciativa é do *uke*, que deve aplicar o golpe *uchi mata* no *tori*.

Para que consiga defender-se, o *tori* deve afastar o pé esquerdo cerca de 40 cm, tirando-o do chão.

Em seguida, efetua o contragolpe, avançando o pé esquerdo à frente, enquanto aproveita a chance para movimentar os braços no sentido horário e conseguir projetar o *uke* no tatame.

8.15 Kouchi gaeshi

- Classificação: *nage waza, tachi waza, kaeshi waza, te waza*.
- Postura inicial: *shizen hontai*.
- Pegada: *migi kumi kata*.
- Passos: *ayumi ashi*.
- Desequilíbrio/puxada: *hidari kuzushi*.
- Aplicação: por ser uma técnica de contragolpe, a iniciativa é do *uke*, que deve aplicar no *tori* o golpe *kouchi gari*.

Quando o pé direito do *uke* estiver prestes a atingir o pé direito do *tori*, é o momento de fazer a esquiva, puxando o pé para trás. Assim, o pé do *uke* passará direto, deixando-o desequilibrado. Nesse momento, o *tori* faz o *kuzushi*, puxando a mão esquerda para o lado esquerdo.

A finalização do contragolpe é simples: basta usar a pegada de direita e puxar para o lado esquerdo, o que resultará na queda do adversário.

8.16 Ippon seoi nage

- Classificação: *nage waza, tachi waza, te waza*.
- Postura inicial: *shizen hontai*.
- Pegada (inicial): *migi kumi kata*.
- Passos: *tsugi ashi*.
- Desequilíbrio/puxada: *mae migi sumi kuzushi*.
- Movimentação do *tori*: *mae migi mawari sabaki*.

- Aplicação: o *tori* inicia a técnica fazendo o *kuzushi*, deixando o *uke* desequilibrado à frente e à direita. Nesse momento, o *tori* faz o *tai sabaki*, girando o corpo à frente e à direita, e aproveita para encaixar o braço direito na axila do *uke*.

Na sequência, o *tori* flexiona as duas pernas para um encaixe perfeito dos quadris, o que facilita a conclusão do golpe. Para finalizar, o *tori* faz a puxada da mão esquerda, enquanto o braço direito serve de alavanca.

O *tori* deve abaixar a cabeça em direção ao seu pé esquerdo, o que resulta no deslocamento do ombro direito para baixo e, consequentemente, na projeção do oponente por cima.

9 Técnicas de quadril (Koshi waza)

9.1 Uki goshi

- Classificação: *nage waza, tachi waza, kochi waza*.
- Postura inicial: *migi shizentai*.
- Pegada: *migi kumi kata*.
- Passos: *ayumi ashi*.
- Desequilíbrio/puxada: *mae migi sumi kuzushi*.
- Movimento do *tori*: *mae migi mawari sabaki*.
- Aplicação: o *tori* inicia puxando o braço direito do *uke* com a mão esquerda e posicionando a mão direita (aberta) nas costas do *uke*.

Em seguida, entra com o pé direito ao lado do pé direito do oponente e toca o adversário com os quadris, provocando o seu desequilíbrio.

Para finalizar, o *tori* termina de fazer o giro de corpo em 180° e faz as puxadas dos braços, no sentido anti-horário, provocando a projeção do adversário.

- Observação: este golpe é bastante parecido com o golpe *ō goshi*; a diferença está apenas em não flexionar as pernas.

9.2 Ō goshi

- Classificação: *nage waza, tachi waza, koshi waza*.
- Postura inicial: *shizen hontai*.
- Pegada: *migi kumi kata*.
- Passos: *ayumi ashi*.
- Desequilíbrio/puxada: *mae migi sumi kuzushi*.
- Movimentação do *tori*: *mae migi mawari sabaki*.

- Aplicação: o *tori* inicia puxando a mão esquerda e entrando com a mão direita (aberta) nas costas do *uke*. Simultaneamente, faz o giro do corpo em 180°, iniciando com o pé direito e, depois, com o esquerdo. Ao terminar o *kuzushi* e o *tai sabaki*, o *tori* flexiona as duas pernas, para poder fazer um encaixe perfeito do quadril.

Para finalizar a técnica, estica as pernas, fazendo com que o adversário saia do solo. Com uma puxada forte da mão esquerda e um movimento do braço direito na mesma direção, o oponente é projetado por cima.

9.3 Koshi guruma

- Classificação: *nage waza, tachi waza, koshi waza*.
- Postura inicial: *shizen hontai*.
- Pegada: *migi kumi kata*.
- Passos: *ayumi ashi*.
- Desequilíbrio/puxada: *mae migi sumi kuzushi*.
- Movimentação do *tori*: *mae migi mawari sabaki*.

- Aplicação: o *tori* inicia a técnica fazendo o *kuzushi*. Para isso, faz a puxada do braço direito do *uke*, desequilibrando-o à sua direita e à frente. A mão direita do *tori* deve passar por trás da cabeça do *uke* e ser posicionada no ombro direito do oponente. Em seguida, o *tori* faz o *tai sabaki*, girando o corpo em 180°, iniciando com o pé direito e, depois, com o pé esquerdo.

Nesse momento, o *tori* deve flexionar as pernas e provocar uma batida forte dos quadris no oponente. Para finalizar, estica as pernas e faz uma puxada forte do braço esquerdo, ajudado por um movimento do braço direito na mesma direção.

O conjunto de movimentos provocará a projeção do parceiro no solo.

9.4 Tsuri komi goshi

- Classificação: *nage waza, tachi waza, koshi waza*.
- Postura inicial: *shizen hontai*.
- Pegada: *migi kumi kata*.
- Passos: *tsugi ashi*.
- Desequilíbrio/puxada: *mae kuzushi*.
- Movimentação do *tori*: *mae migi mawari sabaki*.

- Aplicação: o *tori* inicia a técnica fazendo o *kuzushi*, puxando o oponente à sua frente. Dessa forma, o *uke* vai ficar nas pontas dos pés, desequilibrado. Em seguida, o *tori* faz o *tai sabaki*, girando o corpo em 180°, começando pelo pé direito e, depois, com o pé esquerdo.

Na sequência, flexiona bastante as pernas, para que consiga fazer o encaixe dos quadris entre as pernas do *uke*. Para finalizar, o *tori* estica seu braço direito na direção do pescoço do adversário, forçando-o para o lado esquerdo. Simultaneamente, faz uma puxada forte do braço esquerdo e um movimento dos quadris de baixo para cima, esticando as pernas.

O resultado de todos esses movimentos é a projeção do oponente.

9.5 Harai goshi

- Classificação: *nage waza, tachi waza, koshi waza*.
- Postura inicial: *shizen hontai*.
- Pegada: *migi kumi kata*.
- Passos: *tsugi ashi* (usado no *kata*) ou *ayumi ashi* (treino normal).
- Desequilíbrio/puxada: *mae migi sumi kuzushi*.
- Movimentação do *tori*: *mae migi mawari sabaki*.

- Aplicação: o *tori* inicia desequilibrando o *uke* à frente e à direita. Para isso, faz a puxada do braço esquerdo e ajuda com o braço direito, empurrando da direita para a esquerda. Após o *kuzushi*, o *tori* entra com o pé direito ao lado do pé direito do *uke* e faz o giro do seu corpo em 180°.

Ao fazer o *tai sabaki*, deve fazer uma pequena flexão nas pernas e bater os quadris com firmeza no *uke*. Logo após, o *tori* deve usar a perna direita para levantar a perna direita do adversário.

Após o *uke* ter sido deslocado do solo, faz uma puxada forte do braço esquerdo, com a ajuda do braço direito, empurrando no sentido anti-horário, para provocar a queda do oponente no solo.

9.6 Tsuri goshi

- Classificação: *nage waza, tachi waza, koshi waza*.
- Postura inicial: *shizen hontai*.
- Pegada: *migi kumi kata*.
- Passos: *ayumi ashi*.
- Desequilíbrio/puxada: *mae migi sumi kuzushi*.
- Movimentação do *tori*: *mae migi mawari sabaki*.

- Aplicação: o *tori* inicia puxando a mão esquerda e posicionando a mão direita nas costas do *uke*, segurando sua faixa. Em seguida, faz o giro do corpo à frente em 180°, iniciando com o pé direito e, depois, com o esquerdo. Ao terminar o *kuzushi* e o *tai sabaki*, o *tori* flexiona as duas pernas, para poder fazer o encaixe dos quadris entre as pernas do *uke*.

Para finalizar a técnica, levanta o adversário com os quadris, enquanto o puxa pela faixa com a mão direita e faz uma forte puxada com a mão esquerda, para conseguir a projeção do *uke* no solo.

9.7 Hane goshi

- Classificação: *nage waza, tachi waza, koshi waza.*
- Postura inicial: *shizen hontai.*
- Pegada: *migi kumi kata.*
- Passos: *ayumi ashi.*
- Desequilíbrio/puxada: *mae migi sumi kuzushi.*
- Movimentação do *tori*: *mae migi mawari sabaki.*

- Aplicação: o *tori* inicia desequilibrando o *uke* à frente e à direita, enquanto inicia o *tai sabaki*, avançando seu pé direito e completando um giro de corpo de 180°. Em seguida, o *tori* flexiona as pernas e bate forte com os quadris no oponente.

Após o contato, flexiona bastante a perna direita, que deverá ser encaixada por dentro da perna direita do *uke*.

Na finalização, faz uma puxada forte com o braço esquerdo, com a ajuda do braço direito, empurrando no sentido anti-horário para conseguir a projeção do oponente no solo.

9.8 Utsuri goshi

- Classificação: *nage waza, tachi waza, kaeshi waza, koshi waza*.
- Postura inicial: *shizen hontai*.
- Postura na defesa: *jigo hontai*.
- Pegada do *tori*: *migi kumi kata*.
- Pegada do *uke*: *hidari kumi kata*.
- Passos: *ayumi ashi*.
- Desequilíbrio: *ushiro kuzushi*.

- Aplicação: trata-se de uma técnica exclusiva de contragolpe. Pode ser aplicada quando o *uke* tenta derrubar o *tori* aplicando o golpe *koshi guruma* de esquerda. Após a entrada do *uke*, o *tori* se defende, fazendo a postura *jigo hontai* enquanto desequilibra o *uke* para trás, levantando-o do solo.

Na sequência, o *tori* faz um jogo de cintura e puxa o *uke* para suas costas, encaixando-o no lado direito.

Após o balanço, faz uma puxada forte do braço esquerdo com a ajuda do braço direito no movimento anti-horário, derrubando o oponente no solo.

9.9 Ushiro goshi

- Classificação: *nage waza, tachi waza, kaeshi waza, koshi waza*.
- Postura inicial: *shizen hontai*.
- Pegada: *migi kumi kata*.
- Passos: *ayumi ashi*.
- Desequilíbrio: *ushiro kuzushi*.

- Aplicação: é uma técnica exclusiva de contragolpe. Pode ser aplicada quando há o ataque do *uke* com *koshi guruma* de direita. O *uke* aplica o golpe *hane goshi* e o *tori* faz a defesa com a postura *jigo hontai*.

A finalização do contragolpe é simples: basta o *tori* suspender o *uke* do solo com os braços e com o auxílio das coxas e dos quadris.

Em seguida, o *tori* faz um pequeno recuo para facilitar a projeção do oponente no chão.

9.10 Sode tsuri komi goshi

- Classificação: *nage waza, tachi waza, koshi waza*.
- Postura inicial: *shizen hontai*.
- Pegada: *migi kumi kata*.
- Passos: *ayumi ashi*.
- Desequilíbrio/puxada: *mae hidari sumi kuzushi*.
- Movimentação do *tori*: *mae hidari mawari sabaki*.

- Aplicação: o *tori* inicia fazendo uma pegada invertida com a mão esquerda. Em seguida, retira a pegada que o *uke* está fazendo com o braço direito na gola do *tori*, esticando o braço do *uke* em direção à sua orelha. Então, o *tori* inicia o *kuzushi*, empurra o braço do *uke* em direção à cabeça e desloca o seu ponto de equilíbrio para a perna esquerda.

Simultaneamente, o *tori* movimenta o pé esquerdo para perto do pé esquerdo do *uke* e gira o corpo em 180°. Com a puxada de seu braço direito, o *uke* ficará desequilibrado à esquerda e à frente. Na sequência, o *tori* faz o encaixe dos quadris, flexionando ligeiramente as pernas e deixando o quadril sair cerca de 10 cm para fora.

Na finalização, puxa as mãos no sentido horário, projetando o adversário por cima de seu ombro esquerdo.

9.11 Daki age

- Classificação: *nage waza*, *ne waza*, *koshi waza*.
- Pegada (do *tori*): pegada nas duas golas do *uke* ou na gola e na faixa.
- Aplicação: a técnica se inicia no chão. O *tori* faz a entrada com os braços por baixo das pernas do *uke*, mantendo o joelho direito no solo, para melhor apoio. Em seguida, segura a faixa do *uke*, para manter o controle da postura.

Para finalizar, o *tori* segura com a mão esquerda a gola direita do *uke*, com o dedo polegar para dentro do *jūdōgi*. A mão direita continua segurando a faixa.

Em seguida, o *tori* levanta o *uke* do chão, ficando em pé. Para o judô atual, esta técnica não tem utilidade, pois, ao levantar o *uke* do tatame, o árbitro dá o comando de paralisação.

10 Técnicas de perna (Ashi waza)

10.1 De ashi harai (de ashi barai)

- Classificação: *nage waza, tachi waza, ashi waza*.
- Postura inicial: *shizen hontai*.
- Pegada: *migi kumi kata*.
- Passos: *ayumi ashi*.
- Desequilíbrio/puxada: *migi kuzushi*.
- Aplicação: o *tori* e o *uke* se movimentam com passos normais. A técnica deve ser executada quando o *uke* colocar seu pé direito no chão. Nesse instante, o *tori* deve fazer o *kuzushi*, puxando o braço direito do adversário para a direita, e fazer o movimento de pegada na gola para a esquerda. Com esse movimento o *uke* se desequilibrará para o lado direito.

Para finalizar, o *tori* deve usar a planta do pé esquerdo, tocando no calcanhar do pé direito do *uke*, quando este colocar o pé direito no tatame.

O movimento deve ser rápido e forte, para deslocar a perna direita do oponente, enquanto o *tori* faz a puxada do braço esquerdo e o movimento do braço direito no sentido anti-horário.

O conjunto de movimentos provocará, assim, a projeção do oponente no solo.

10.2 Hiza guruma

- Classificação: *nage waza*, *tachi waza*, *ashi waza*.
- Postura inicial: *shizen hontai*.
- Pegada: *migi kumi kata*.
- Passos: *tsugi ashi* ou *ayumi ashi*.
- Desequilíbrio/puxada: *mae migi sumi kuzushi*.
- Movimentação do *tori*: *ushiro hidari mawari sabaki* (na finalização da técnica).
- Aplicação: o *tori* afasta seu pé direito lateralmente e vira os dedos em posição perpendicular ao pé esquerdo.

Nesse momento, inicia o *kuzushi* para desequilibrar o *uke* à frente e à direita, mudando o ponto de equilíbrio do *uke* para sua perna direita. Em seguida, usa a planta do pé esquerdo para servir de alavanca no joelho do *uke*.

Para finalizar, o *tori* faz as puxadas dos braços no sentido anti-horário e gira o corpo para trás, à esquerda, cerca de 180°, conseguindo a projeção do adversário no solo.

10.3 Sasae tsuri komi ashi

- Classificação: *nage waza, tachi waza, ashi waza.*
- Postura inicial: *shizen hontai.*
- Pegada: *migi kumi kata.*
- Passos: *tsugi ashi.*
- Desequilíbrio/puxada: *mae migi sumi kuzushi.*
- Movimentação do *tori*: *ushiro hidari mawari sabaki* (na finalização da técnica).
- Aplicação: o *tori* dá um passo para trás, em *tsugi ashi*. No segundo passo, desloca o pé direito um pouco mais à sua direita, direcionando-o para dentro. Em seguida, faz o *kuzushi*, puxando o adversário para a esquerda. Dessa forma, o *uke* se desequilibrará à frente e à direita.

O próximo passo é bater a planta do pé esquerdo na perna direita do *uke*, a uma altura de cerca de 10 cm.

Para finalizar, o *tori* faz uma puxada forte do braço esquerdo com a ajuda do braço direito, no sentido anti-horário.

Simultaneamente, o *tori* faz o giro do corpo em 180° para a esquerda e para trás, derrubando o *uke*.

10.4 Ōsoto gari

- Classificação: *nage waza, tachi waza, ashi waza*.
- Postura inicial: *shizen hontai*.
- Pegada: *migi kumi kata*.
- Passos: *ayumi ashi*.
- Desequilíbrio/puxada: *ushiro migi sumi kuzushi*.

- Aplicação: o *tori* posiciona seu pé esquerdo a, aproximadamente, 15 cm de distância do pé direito do *uke*. Em seguida, o *tori* efetua o *kuzushi*, empurrando seu braço direito à frente e puxando seu braço esquerdo. Assim, o oponente se desequilibra para trás e para sua direita.

Para finalizar, o *tori* encaixa sua perna direita na perna direita do *uke*, puxando-a para trás. Simultaneamente à elevação da perna, o *tori* faz uma puxada forte do braço esquerdo e empurra o braço direito à frente.

O conjunto de movimentos provocará a projeção do oponente no solo.

10.5 Ōuchi gari

- Classificação: *nage waza, tachi waza, ashi waza*.
- Postura inicial: *shizen hontai*.
- Pegada: *migi kumi kata*.
- Passos: *ayumi ashi*.
- Desequilíbrio/puxada: *ushiro hidari sumi kuzushi*.

- Aplicação: o *tori* inicia entrando com o pé direito à frente, a cerca de 10 cm do pé direito do *uke*. Depois, leva seu pé esquerdo para a direita de seu pé direito, fazendo um movimento em "x" com suas pernas.

Em seguida, faz o *kuzushi*, puxando o adversário para baixo e, depois, à frente e à direita. O resultado dos movimentos do *tori* será o desequilíbrio do *uke* para seu lado esquerdo e para trás. A finalização deve ser praticamente com o *kuzushi*, enroscando o pé direito por trás do pé esquerdo do *uke*.

Em seguida, o *tori* faz um grande movimento circular à direita e, com o empurrão dos braços, projeta o adversário à frente e à direita.

10.6 Kosoto gari

- Classificação: *nage waza, tachi waza, ashi waza*.
- Postura inicial: *shizen hontai*.
- Pegada: *migi kumi kata*.
- Passos: *ayumi ashi*.
- Desequilíbrio/puxada: *ushiro migi sumi kuzushi*.
- Movimentação do *tori*: *mae hidari sabaki*.
- Aplicação: o *tori* inicia posicionando o pé esquerdo ao lado do pé direito do *uke*.

Em seguida, movimenta o pé direito e fica na posição *shizen hontai*, em um ângulo de 90° em relação ao adversário. Na sequência, o *tori* faz o *kuzushi*, desequilibrando o *uke* para a direita e para trás. Para isso, o *tori* puxa o braço direito do *uke* para a esquerda, enquanto empurra suavemente seu próprio braço direito.

Para finalizar, o *tori* usa seu pé esquerdo para puxar o pé direito do *uke* à frente (ângulo de 90°), enquanto faz uma puxada forte de seu braço esquerdo, com a pegada na gola do *uke*. Feitos os movimentos de braços e de pernas, o oponente é projetado no tatame.

10.7 Kouchi gari

- Classificação: *nage waza, tachi waza, ashi waza*.
- Postura inicial: *shizen hontai*.
- Pegada: *migi kumi kata*.
- Passos: *ayumi ashi*.
- Desequilíbrio/puxada: *ushiro migi sumi kuzushi*.
- Movimentação do *tori*: *mae migi sabaki*.

- Aplicação: o *tori* inicia posicionando o pé direito ao lado do pé direito do *uke* (por dentro) a, aproximadamente, 10 cm. Em seguida, aproxima seu pé esquerdo a cerca de 15 cm do direito, em um ângulo de 90° à esquerda. Na sequência, o *tori* faz o *kuzushi*, puxando o adversário para baixo. O *uke* tentará defender-se movimentando-se para cima e para trás.

Depois, o *tori* deve empurrar o braço direito à frente, enquanto puxa o esquerdo à esquerda. Com isso, o *uke* se desequilibra à direita e para trás. Simultaneamente ao *kuzushi*, o pé direito do *tori* deve encaixar por trás do pé direito do *uke*, impedindo-o de fugir para trás. Para finalizar, o *tori*, com a planta de seu pé direito, puxa o pé direito do *uke*, fazendo uma puxada forte da pegada na manga e empurrando para a frente o braço direito (gola).

Assim, o adversário será derrubado. Recomenda-se que soltem as pegadas, para facilitar a prática correta do *ukemi*, pois é um golpe de muito impacto.

10.8 Okuri ashi harai (okuri ashi barai)

- Classificação: *nage waza*, *tachi waza*, *ashi waza*.
- Postura inicial: *shizen hontai*.
- Pegada: *migi kumi kata*.
- Passos (do *tori*): *migi ni tsugi ashi* (seguidos à direita).
- Passos (do *uke*): *hidari ni tsugi ashi* (seguidos a esquerda).
- Desequilíbrio/puxada: *migi kuzushi*.

- Aplicação: aqui, a execução da técnica será apresentada de acordo com o exame *nage no kata*. O *tori* e o *uke* fazem pegadas com a mão direita e movimentam-se lateralmente. O *kuzushi* é feito a cada passo do *tori* à sua direita, levantando os dois braços, puxando com sutileza para o lado esquerdo, desequilibrando o *uke*.

A finalização da técnica deve ser feita quando o *uke* completar o seu terceiro passo com o pé direito. Nesse instante, o *tori* deve completar o *kuzushi*, fazendo uma puxada forte dos braços no sentido anti-horário e usando a planta do pé esquerdo para atingir os dois pés do adversário.

Após o deslocamento dos pés do *uke* da esquerda para a direita e com os movimentos de puxada para a esquerda, o adversário é projetado no tatame.

10.9 Uchi mata

- Classificação: *nage waza, tachi waza, te waza*.
- Postura inicial: *shizen hontai*.
- Pegada: *migi kumi kata*.
- Passos: *ayumi ashi*.
- Desequilíbrio/puxada: *mae kuzushi*.
- Movimentação do *tori*: *mae migi mawari sabaki*.
- Aplicação: para iniciar a técnica, o *tori* faz o *kuzushi*, puxando o *uke* à frente, que fica nas pontas dos pés e se desequilibra. Em seguida, o *tori* faz o *tai sabaki*, movendo o pé direito à frente, a cerca de 10 cm do pé direito do *uke*. Depois, o *tori* leva o pé esquerdo ao lado do pé esquerdo do *uke*, fazendo um movimento em forma de "x". Nesse momento, o *tori* deve fazer uma pequena flexão das pernas, para facilitar o encaixe dos quadris.

Para finalizar, o *tori* empurra a perna direita para trás, de modo que atinja a coxa da perna esquerda do *uke*. Enquanto levanta a perna o máximo que consegue, o *tori* deve abaixar a cabeça, em direção ao seu pé esquerdo.

Simultaneamente, usa seu braço direito para empurrar de baixo para cima, direcionando o movimento à esquerda.

A pegada na manga ajuda a fazer uma puxada forte do braço direito do oponente e provoca a sua queda no tatame.

10.10 Kosoto gake

- Classificação: *nage waza, tachi waza, ashi waza*.
- Postura inicial: *shizen hontai*.
- Pegada: *migi kumi kata*.
- Passos: *ayumi ashi*.
- Desequilíbrio/puxada: *ushiro migi sumi kuzushi*.

- Aplicação: o *tori* inicia posicionando o pé direito a cerca de 15 cm do lado do pé direito do *uke*. Depois, faz o *kuzushi* (desequilíbrio), empurrando o braço direito (gola) e puxando o braço esquerdo (manga). Os movimentos do *tori* vão fazer o adversário ficar desequilibrado à sua direita e para trás.

A finalização da técnica é feita depois do *kuzushi*. O *tori* encaixa a panturrilha da perna esquerda na perna direita do *uke*, puxando-a. Simultaneamente, faz uma puxada forte do braço esquerdo e conduz a pegada na gola, empurrando o tórax do adversário para trás.

10.11 Ashi guruma

- Classificação: *nage waza*, *tachi waza*, *ashi waza*.
- Postura inicial: *shizen hontai*.
- Pegada: *migi kumi kata*.
- Passos: *ayumi ashi*.
- Desequilíbrio/puxada: *mae migi sumi kuzushi*.
- Movimentação do *tori*: *mae migi mawari sabaki*.
- Aplicação: a execução desta técnica deve ser feita em movimento, o que facilita os fundamentos técnicos necessários para a sua conclusão. O tempo ideal para aplicar o golpe se dá quando o *uke* estiver se deslocando para trás e firmar o pé direito no tatame.

Nesse momento, o *tori* deve ser rápido no *kuzushi* e na finalização. O *kuzushi*, neste golpe, consiste em usar os braços para deslocar o ponto de equilíbrio do *uke* para a sua perna direita e para a frente. Simultaneamente, o *tori* deve encaixar o calcanhar do pé direito um pouco acima do joelho direito do adversário. O calcanhar do *tori* deverá fazer pressão no joelho do *uke*, de forma que este não consiga movimentar a perna e defender-se. Para finalizar, o *tori* deve fazer um movimento do tórax no sentido anti-horário e concluir em sincronia as puxadas do braço esquerdo com a ação do braço direito para empurrar à frente e à esquerda.

10.12 Harai tsuri komi ashi*

- Classificação: *nage waza, tachi waza, ashi waza*.
- Postura inicial: *shizen hontai*.
- Pegada: *migi kumi kata*.
- Passos: *ayumi ashi*.
- Desequilíbrio/puxada: *mae migi sumi kuzushi*.
- Aplicação: a melhor forma de aplicar esta técnica é quando o *uke* estiver se movimentando para trás. Quando o *uke* apoiar seu pé esquerdo no chão e começar a levantar o pé direito é o momento ideal para executar o golpe. Inicialmente, o *tori* faz o *kuzushi*, puxando o *uke* em sua direção, e faz também uma puxada sutil para a esquerda. A finalidade é deslocar o ponto de equilíbrio do adversário à frente e à direita.

* Na demonstração desta técnica, excepcionalmente, o *tori* está de uniforme azul e o *uke*, de uniforme branco.

Em seguida, o *tori*, com a planta do pé esquerdo (sem dobrar a perna), toca na canela da perna direita do *uke*.

O *tori* deve encaixar a perna inteira e, imediatamente, levantar a perna direita do adversário, evitando que ele consiga apoiá-la no chão.

Para finalizar, o *tori* deve ajudar o movimento forte da perna esquerda com a força dos quadris ("barrigada"). O sucesso da execução está nos movimentos dos braços do *tori*, fazendo força de baixo para cima, da direita para a esquerda (sentido anti-horário) e, com isso, derrubando o *uke* à sua frente. Esta técnica é muito parecida com o *sasae tsuri komi ashi*, mas, em uma, derruba-se para a frente, e, na outra, projeta-se para trás.

10.13 Ō guruma

- Classificação: *nage waza, tachi waza, ashi waza*.
- Postura inicial: *shizen hontai*.
- Pegada: *migi kumi kata*.
- Passos: *ayumi ashi*.
- Desequilíbrio/puxada: *mae migi sumi kuzushi*.
- Movimentação do *tori*: *mae migi mawari sabaki*.

- Aplicação: o *tori* inicia fazendo o *tai sabaki*, colocando o pé direito perto do pé esquerdo do *uke*. Em seguida, aproxima o pé esquerdo a cerca de 15 cm (atrás) do pé direito do *uke*. Na sequência, o *tori* faz o *kuzushi*, deslocando o ponto de equilíbrio do *uke* à sua direita e à frente.

Para isso, faz uma puxada forte do braço esquerdo na altura do ombro e um movimento do braço direito para a frente e para o lado esquerdo. Após o desequilíbrio do adversário, o pé direito do *tori* deve passar à frente do pé direito do *uke* e tocar com a parte de trás da coxa, acima do joelho da perna direita do *uke*. Depois do encaixe da perna direita, o *tori* deve levantar o adversário, jogando sua perna direita para trás. Para finalizar, o *tori* faz as puxadas do braço esquerdo em sincronia com o braço direito, que utiliza sua força da direita para a esquerda e de baixo para cima (sentido anti-horário).

10.14 Ōsoto guruma

- Classificação: *nage waza, tachi waza, ashi waza*.
- Postura inicial: *shizen hontai*.
- Pegada: *migi kumi kata*.
- Passos: *ayumi ashi*.
- Desequilíbrio/puxada: *ushiro migi sumi kuzushi*.
- Aplicação: o *tori* inicia a técnica colocando seu pé esquerdo paralelamente ao pé direito do *uke* (por fora), a cerca de 20 cm de distância. Nesse momento, já deve iniciar o *kuzushi*.

Para isso, o *tori* deve puxar o braço direito do *uke* lateralmente e forçar o braço direito para a frente, alterando o ponto de equilíbrio para trás e para a direita. Então, deve bater com a perna direita nas duas pernas do adversário, sem dar chances para este recuperar o equilíbrio. Para finalizar, basta levantar as duas pernas do *uke*, fazer uma puxada forte da mão esquerda e empurrar o braço direito com força à frente, para conseguir projetar o *uke* no tatame.

10.15 Ōsoto otoshi

- Classificação: *nage waza, tachi waza, ashi waza*.
- Postura inicial: *shizen hontai*.
- Pegada: *migi kumi kata*.
- Passos: *ayumi ashi*.
- Desequilíbrio/puxada: *ushiro migi sumi kuzushi*.

- Aplicação: o *tori* inicia a técnica posicionando seu pé esquerdo paralelamente ao pé direito do *uke* (por fora), a cerca de 20 cm de distância. Nesse momento, o *tori* deve iniciar o *kuzushi*. Para isso, empurra o braço direito à frente e puxa a mão esquerda para o lado, provocando o desequilíbrio do *uke* para trás e para a direita.

Para finalizar, o *tori* deve encaixar a panturrilha da perna direita na panturrilha da perna direita do *uke*. O *tori* deve fazer uma batida forte, arrastando o dedão do pé no tatame, esticando a perna para trás e derrubando o adversário.

O braço direito do *tori* empurra o *uke* para a frente e a mão esquerda deve puxá-lo para o lado. Os movimentos dos braços e da perna direita do *tori* devem ser feitos ao mesmo tempo.

10.16 Tsubame gaeshi

- Classificação: *nage waza*, *tachi waza*, *kaeshi waza*, *ashi waza*.
- Postura inicial: *shizen hontai*.
- Pegada: *migi kumi kata*.
- Passos: *ayumi ashi*.
- Desequilíbrio/puxada: *migi kuzushi*.

- Aplicação: nesta técnica, aproveita-se a própria força do adversário para derrubá-lo. O *uke* inicia tentando derrubar o *tori* com a técnica *de ashi harai*, com o seu pé direito. Quando o pé do *uke* estiver quase tocando o pé esquerdo do *tori*, este deve esquivar-se, puxando seu pé para trás, e defender-se.

A finalização tem de ser rápida. Por isso, ao defender-se, o *tori* deve fazer o contra-ataque batendo a planta do seu pé esquerdo no calcanhar do *uke*, deslocando a perna do *uke* da esquerda para a direita. A puxada do braço direito do *tori* deve ser feita de baixo para cima e da direita para a esquerda. O braço esquerdo deve mover-se em sincronia com o direito, fazendo um movimento no sentido anti-horário e derrubando o *uke* no tatame.

10.17 Ōsoto gaeshi

- Classificação: *nage waza, tachi waza, kaeshi waza, ashi waza*.
- Postura inicial: *shizen hontai*.
- Pegada: *migi kumi kata*.
- Passos: *ayumi ashi*.
- Desequilíbrio/puxada: *ushiro migi sumi kuzushi*.

- Aplicação: o *uke* inicia tentando derrubar o *tori* com a técnica *ōsoto gari*, com a perna direita. O *tori* se defende fazendo uma boa base nas pernas, travando as pegadas do *uke* e procurando não se desequilibrar para trás.

Depois de conseguir travar o ataque, o *tori* começa a fazer o *kuzushi*, puxando o braço direito do oponente lateralmente e usando o braço direito para empurrar o *uke*. Em seguida, o *tori* faz a finalização, aplicando o *ōsoto gari* no *uke*. Para isso, utiliza sua perna direita para jogar a perna direita do *uke* para a frente.

Simultaneamente, o *tori* continua fazendo os movimentos dos braços com mais força, provocando, assim, a queda do adversário no tatame.

10.18 Ōuchi gaeshi

- Classificação: *nage waza, tachi waza, kaeshi waza, ashi waza*.
- Postura inicial: *shizen hontai*.
- Pegada: *migi kumi kata*.
- Passos: *ayumi ashi*.
- Desequilíbrio/puxada: *ushiro migi sumi kuzushi*.

- Aplicação: o *uke* inicia tentando derrubar o *tori* com o golpe *ōuchi gari*. O *tori* se defende travando os braços, e inicia o *kuzushi*, para desequilibrar o adversário para trás e para a direita.

O contra-ataque deve ser rápido e, assim que estiver fazendo o *kuzushi*, o *tori* deve usar a perna esquerda para jogar as duas pernas do *uke* de trás para a frente.

Após esse movimento, o *tori* finaliza a técnica com uma puxada forte da mão esquerda para o lado esquerdo, e o braço direito fazendo o movimento da direita para a esquerda.

10.19 Hane goshi gaeshi

- Classificação: *nage waza, tachi waza, kaeshi waza, ashi waza*.
- Postura inicial: *shizen hontai*.
- Pegada: *migi kumi kata*.
- Passos: *ayumi ashi*.
- Desequilíbrio/puxada: *ushiro kuzushi*.

- Aplicação: o *uke* inicia tentando derrubar o *tori* com o golpe *hane goshi* de direita. O *tori* se defende fazendo uma boa base nas pernas (postura *jigo hontai*), e usa os braços para travar as puxadas do *uke*. Em seguida, o *kuzushi* é feito praticamente junto com a execução da técnica.

Para finalizar o contra-ataque, o *tori* usa o movimento dos quadris de baixo para cima, e a perna esquerda derruba a perna de apoio do *uke*, de trás para a frente. Depois, o *tori* faz uma puxada forte do braço direito do adversário para cima e para a esquerda. Com o braço direito, o *tori* conduz o movimento para cima e da direita para a esquerda. Esse contragolpe é perigoso e, por isso, deve-se tomar precauções para que os iniciantes não o utilizem, evitando lesões graves.

10.20 Harai goshi gaeshi

- Classificação: *nage waza, tachi waza, kaeshi waza, ashi waza*.
- Postura inicial: *shizen hontai*.
- Pegada: *migi kumi kata*.
- Passos: *ayumi ashi*.
- Desequilíbrio/puxada: *ushiro kuzushi*.

- Aplicação: o *uke* inicia tentando derrubar o *tori* com o golpe *harai goshi* de direita. O *tori* se defende fazendo uma boa base nas pernas (postura *jigo hontai*), e usa os braços para travar as puxadas do *uke*. Em seguida, o *kuzushi* é feito praticamente junto com a execução da técnica.

Para finalizar o contra-ataque, o *tori* usa o movimento dos quadris de baixo para cima e a sua perna esquerda derruba a perna de apoio do *uke*, de trás para a frente. Na sequência, o *tori* faz uma puxada forte do braço direito do adversário para cima e para a esquerda. Com o braço direito, o *tori* conduz o movimento para cima e da direita para a esquerda.

10.21 Uchi mata gaeshi

- Classificação: *nage waza, tachi waza, kaeshi waza, ashi waza*.
- Postura inicial: *shizen hontai*.
- Pegada: *migi kumi kata*.
- Passos: *ayumi ashi*.
- Desequilíbrio/puxada: *ushiro kuzushi*.

- Aplicação: o *uke* inicia tentando derrubar o *tori* com o golpe *uchi mata* de direita. O *tori* precisa fazer força para defender-se e recuperar o equilíbrio. Após a defesa, começa a fazer o *kuzushi*, desequilibrando o adversário para trás. Para finalizar, o *tori* derruba o pé esquerdo do *uke* (apoio) com a planta do seu pé esquerdo.

Simultaneamente, o *tori* puxa o braço direito do *uke* para trás e para baixo, enquanto seu braço direito puxa a gola do *uke* para trás com movimento em sentido anti-horário, derrubando o *uke* no tatame.

11 Técnicas de autossacrifício frontal (Ma sutemi waza)

11.1 Tomoe nage

- Classificação: *nage waza, sutemi waza, ma sutemi waza*.
- Postura inicial: *shizen hontai*.
- Pegada (inicial): *migi kumi kata*.
- Passos: *tsugi ashi*.
- Desequilíbrio: *mae kuzushi*.
- Aplicação: o *tori* inicia empurrando o braço direito, forçando o *uke* a deslocar-se para trás com o pé esquerdo. Fazem passos seguidos (*tsugi ashi*).

No segundo passo, o *tori* deixa os dois pés paralelos (*shizen hontai*) e muda a pegada esquerda para a gola. Nesse momento, inicia o *kuzushi*, desequilibrando o *uke* para a frente. Depois, o *tori* se deita de costas, puxando as mãos em direção ao seu tórax, enquanto posiciona seu pé direito no umbigo do oponente.

Para conseguir a projeção do *uke*, o movimento deve contar com a velocidade e o cuidado de puxar aos mãos na direção do tórax, enquanto empurra a barriga do *uke* para cima.

11.2 Sumi gaeshi

- Classificação: *nage waza, sutemi waza, ma sutemi waza*.
- Postura inicial: *migi jigotai*.
- Desequilíbrio: *mae kuzushi*.
- Aplicação: o *tori* e o *uke* avançam o pé direito e ficam na posição *migi jigotai*. A pegada esquerda é normal, mas a mão direita deve ficar nas costas do oponente.

O *tori* recua o pé direito um passo para trás, ficando na posição *hidari jigotai*. Na sequência, recua o pé esquerdo paralelamente ao pé direito (*shizen hontai*). Depois, puxa o oponente, desequilibrando-o à frente. Em seguida, posiciona o pé direito na parte interna da coxa esquerda do *uke*, enquanto se deita no tatame.

Para finalizar, puxa o adversário e o arremessa para trás com as mãos, com o auxílio do empurrão do pé direito.

11.3 Ura nage

- Classificação: *nage waza, sutemi waza, ma sutemi waza*.
- Postura inicial: *shizen hontai*.
- Desequilíbrio: *mae kuzushi*.
- Aplicação: o *uke* toma a iniciativa, tentando desferir um soco, com a mão direita, na cabeça do *tori*. Então, o *tori* se esquiva e encosta sua orelha esquerda no tórax do *uke*. Com isso, consegue defender-se.

Nesse momento, o *tori* se encontra em uma postura parecida com a *hidari jigotai*. Logo após a defesa, o *tori* coloca a mão direita com os dedos apontados para cima, na altura do plexo solar (abdome) do *uke*, e apoia a mão esquerda espalmada nas costas do adversário.

Para finalizar, o *tori* flexiona um pouco as pernas e faz um movimento de baixo para cima, levantando o adversário do chão. Nesse momento, o *tori* arremessa o *uke* por cima de seu ombro esquerdo, enquanto se deita de costas no tatame.

11.4 Hiki komi gaeshi

- Classificação: *nage waza, sutemi waza, ma sutemi waza*.
- Postura inicial: *shizen hontai*.
- Pegada (inicial): *migi kumi kata*.
- Desequilíbrio: *mae kuzushi*.
- Aplicação: esta técnica é muito utilizada quando um dos lutadores luta com a cabeça muito abaixada.

O *tori* inicia com a pegada de direita (*migi kumi kata*) normal. Depois, segura a faixa do *uke* com a mão direita, de modo que a cabeça do *uke* fique presa embaixo do seu braço. Em seguida, o *tori* coloca o pé esquerdo ao lado do pé direito do *uke* (por dentro), desequilibrando-o à frente (*kuzushi*).

Para finalizar, coloca o pé direito na parte interna da coxa esquerda do *uke*, enquanto se deita no tatame.

Na sequência, o *tori* usa os braços para arremessar o oponente para trás, com a ajuda da perna direita, empurrando a coxa do *uke* para cima.

11.5 Tawara gaeshi

- Classificação: *nage waza, kaeshi waza, sutemi waza, ma sutemi waza*.
- Postura inicial: *shizen hontai*.
- Desequilíbrio: *mae kuzushi*.

- Aplicação: o *uke* toma a iniciativa, tentando derrubar o *tori* com o golpe *morote gari*. Nesse momento, o *tori* se defende, fazendo a postura *jigo hontai*, e "abraça" o *uke* por cima, travando as mãos no seu abdome.

Em seguida, o *tori* dá um pequeno pulo para trás, para demonstrar que conseguiu defender-se do ataque. Para finalizar, faz o *kuzushi*, desequilibrando o *uke* à sua frente e, imediatamente, arremessa-o para trás, enquanto se deita no tatame.

12 Técnicas de autossacrifício lateral (Yoko sutemi waza)

12.1 Yoko otoshi

- Classificação: *nage waza*, *sutemi waza*, *yoko sutemi waza*.
- Postura inicial: *shizen hontai*.
- Pegada: *migi kumi kata*.
- Desequilíbrio: *migi kuzushi*.
- Aplicação: o *tori* aproxima seu pé direito à frente do pé direito do *uke*. Em seguida, inicia o *kuzushi*, puxando o braço direito do adversário para o lado, de forma que o *uke* fique desequilibrado à sua direita.

Depois, o *tori* posiciona seu pé esquerdo a cerca de 40 cm atrás do calcanhar direito do *uke*. Para finalizar, o *tori* puxa o braço direito do *uke* para baixo e não permite que este apoie sua mão no chão.

Nesse momento, o *tori* deve cair na posição *hidari yoko ukemi* e, com a força do braço direito, arremessar o adversário para o seu lado esquerdo.

12.2 Tani otoshi

- Classificação: *nage waza*, *sutemi waza*, *yoko sutemi waza*.
- Postura inicial: *shizen hontai*.
- Pegada: *migi kumi kata*.
- Desequilíbrio: *ushiro migi sumi kuzushi*.
- Aplicação: o *tori* posiciona o pé direito ao lado do pé direito do *uke* (por fora). Em seguida, faz o *kuzushi*, puxando o braço direito do oponente para o lado e para baixo, enquanto faz força da direita para a esquerda com seu braço direito na gola do *uke*.

Feito o desequilíbrio, o *tori* posiciona seu pé esquerdo atrás das duas pernas do oponente, para que este não consiga andar e escapar. Para finalizar, o *tori* puxa fortemente o braço direito do *uke* para baixo e mantém a pegada, para não se lesionar.

Simultaneamente, o *tori* se projeta à sua esquerda, fazendo uma puxada forte do braço direito, derrubando o oponente de costas para trás. Ressalta-se que o *tori* deve cair lateralmente (posição *hidari yoko ukemi*) e o *uke*, de costas (*ushiro ukemi*). Dessa maneira, o *tori* não dá margem para o árbitro equivocar-se e conceder a vitória ao atleta errado.

12.3 Hane maki komi

- Classificação: *nage waza, sutemi waza, yoko sutemi waza*.
- Postura inicial: *shizen hontai*.
- Pegada: *migi kumi kata*.
- Desequilíbrio: *mae migi sumi kuzushi*.
- Movimentação do *tori*: *mae migi mawari sabaki*.

- Aplicação: o *tori* inicia aplicando a técnica *hane goshi*, e o *uke* consegue defender-se. Ao perceber que não conseguirá derrubar o *uke*, o *tori* resolve aplicar outra técnica. Dessa forma, muda a finalização da técnica, soltando a pegada de direita (gola) e avançando o braço por cima da cabeça do *uke*, levando-o à frente e para baixo.

Nesse momento, o *tori* consegue desequilibrar o oponente à frente e à direita. O *tori* finaliza a projeção, girando seu corpo à frente, como se fosse fazer o *migi mae mawari ukemi*, trazendo consigo o corpo do *uke*, que acaba ficando por baixo do corpo do *tori*.

12.4 Soto maki komi

- Classificação: *nage waza, sutemi waza, yoko sutemi waza*.
- Postura inicial: *shizen hontai*.
- Pegada: *migi kumi kata*.
- Passos: *tsugi ashi*.
- Desequilíbrio: *mae migi sumi kuzushi*.
- Movimentação do *tori*: *mae migi mawari sabaki*.

- Aplicação: o *tori* inicia aplicando a técnica *koshi guruma*, e o *uke* consegue defender-se. Ao perceber que não conseguirá realizar a projeção, o *tori* decide mudar a finalização. Dessa forma, avança o braço direito à frente, abaixando sua cabeça. Depois, puxa o braço esquerdo, conseguindo desequilibrar o adversário.

O *tori* finaliza a projeção girando seu corpo à frente, esticando o braço, como se fosse fazer o *migi mae mawari ukemi*.

Enquanto isso, continua puxando o braço esquerdo, para derrubar o oponente.

12.5 Uki waza

- Classificação: *nage waza, sutemi waza, yoko sutemi waza*.
- Postura inicial: *migi jigotai*.
- Pegada: *migi kumi kata* (mão direita espalmada, nas costas do oponente, perto da axila).
- Desequilíbrio: *mae hidari sumi kuzushi* (no primeiro passo); *mae migi sumi kuzushi* (no segundo passo).

- Aplicação: o *tori* e o *uke* devem ficar na postura *migi jigotai*, ambos posicionando a mão direita nas costas do oponente, perto da axila. O *tori* dá um passo para trás com o pé direito e faz o *kuzushi*, desequilibrando o oponente à frente e à esquerda.

Em seguida, o *tori* começa a dar o passo esquerdo e muda a direção, puxando o *uke* para a esquerda, impedindo o movimento do oponente. Nesse momento, começa a fazer o novo *kuzushi*, fazendo da perna esquerda uma alavanca, e os braços conduzem o *uke* para o seu lado direito.

Para finalizar, o *tori* arremessa o adversário para seu lado esquerdo, fazendo o movimento do braço direito para cima e para a esquerda. O braço esquerdo trabalha em sincronia com o direito, mas no sentido anti-horário. Para a perfeição da técnica, o *tori* deve cair de lado no tatame (*hidari yoko ukemi*).

12.6 Yoko wakare

- Classificação: *nage waza*, *sutemi waza*, *yoko sutemi waza*.
- Postura inicial: *shizen hontai*.
- Pegada: *migi kumi kata*.
- Passos: *tsugi ashi*.
- Desequilíbrio: *mae kuzushi*.

- Aplicação: o *tori* inicia fazendo o *kuzushi*, puxando o *uke* para a frente. Em seguida, desliza o pé direito na frente do adversário. Na sequência, o *tori* puxa os braços para baixo, forçando o *uke* a curvar-se para a frente. Nesse momento, o *tori* deve ter o controle absoluto do braço direito do adversário, para que este não consiga escapar.

Para finalizar, o *tori* se deita na frente do oponente, puxando o braço direito do *uke* na direção do seu braço direito. Em relação à pegada na gola, é preciso puxar para baixo e, depois, empurrar de baixo para cima e da direita para a esquerda.

Assim, o *uke* é jogado por cima, dando um salto mortal.

12.7 Yoko guruma

- Classificação: *nage waza, sutemi waza, yoko sutemi waza*.
- Desequilíbrio: *mae migi sumi kuzushi*.
- Aplicação: o *uke* toma a iniciativa, tentando desferir um soco na cabeça do *tori*. O *tori* se defende, esquivando-se e encostando sua orelha esquerda no tórax do *uke*. Para isso, precisa colocar seu pé esquerdo atrás do pé direito do adversário.

Nesse momento, a mão direita do *tori* segura o abdome do adversário e sua mão esquerda é colocada espalmada nas costas do *uke*. Na sequência, começa o *kuzushi*, no qual o *tori* entra com o pé direito entre as pernas do *uke* e, com a pressão das mãos, faz o oponente desequilibrar-se para a sua direita e para a frente.

Simultaneamente ao *kuzushi*, o *tori* entra mais fundo com o pé direito e, com os braços, faz força de baixo para cima, da direita para a esquerda. O resultado desses movimentos é o arremesso do *uke* por cima do ombro esquerdo do *tori*.

12.8 Yoko gake

- Classificação: *nage waza, sutemi waza, yoko sutemi waza*.
- Postura Inicial: *shizen hontai*.
- Pegada: *migi kumi kata*.
- Passos: *tsugi ashi*.
- Desequilíbrio: *migi kuzushi*.

- Aplicação: o *tori* dá um passo para trás, em *tsugi ashi*. Ao terminar, faz o primeiro *kuzushi*, torcendo o braço direito do *uke* para dentro. No segundo passo, o *tori* puxa o pé direito um pouco mais para trás, para não atrapalhar a execução da técnica. Em seguida, faz mais uma vez o *kuzushi* no braço direito do *uke*, para desequilibrá-lo à sua direita.

Para finalizar, o *tori* posiciona a planta do pé esquerdo no calcanhar do pé direito do adversário, arrastando-o da esquerda para a direita, enquanto se projeta no tatame na postura *yoko ukemi*. O *uke* é derrubado com violência e é preciso fazer o *ukemi* com perfeição, para não bater a cabeça no tatame.

12.9 Daki wakare

- Classificação: *nage waza, sutemi waza, yoko sutemi waza*.
- Aplicação: esta técnica é aplicada quando os lutadores estão no solo. O *tori* coloca a mão direita por baixo e faz a pegada na gola. Nesse momento, ele pega a mão esquerda e faz pegada na outra gola do *uke*.

A finalização é simples: o *tori* se deita e, com as puxadas dos braços, arremessa o adversário por cima e para o lado esquerdo.

É importante ressaltar que essa técnica não soma pontos em competições, pois os lutadores não estão lutando em pé. Provavelmente, o *tori* vai aproveitar a projeção para finalizar com uma imobilização, um estrangulamento ou uma chave.

12.10 Uchi maki komi

- Classificação: *nage waza*, *sutemi waza*, *yoko sutemi waza*.
- Postura inicial: *shizen hontai*.
- Pegada: *migi kumi kata*.
- Passos: *ayumi ashi*.
- Desequilíbrio: *mae migi sumi kuzushi*.
- Movimentação do *tori*: *mae migi mawari sabaki*.

- Aplicação: o *tori* inicia fazendo o *kuzushi* para desequilibrar o *uke* para a frente e para a direita. Dessa forma, o *tori* levanta o braço direito do *uke* e faz a puxada na altura do ombro, para a sua esquerda, enquanto posiciona seu pé direito cerca de 20 cm à frente do pé direito do adversário. Em seguida, coloca o braço direito na axila do *uke*, para encaixar o golpe *ippon seoi nage*.

Simultaneamente, o *tori* gira o corpo para a frente, com o pé esquerdo completando o *tai sabaki* (*mae migi mawari sabaki*). Ao perceber que não conseguirá derrubar o *uke* com o *ippon seoi nage*, o *tori* muda a forma de finalização. Nesse momento, a mão direita vai em direção ao tatame, fazendo o movimento *migi mae mawari ukemi*, o suficiente para projetar o adversário por cima do ombro direito.

12.11 Kani basami*

- Classificação: *nage waza*, *sutemi waza*, *yoko sutemi waza*.
- Postura inicial: *shizen hontai*.
- Pegada: *migi kumi kata*.
- Passos: *ayumi ashi*.
- Desequilíbrio: *ushiro kuzushi*.
- Movimentação do *tori*: *mae migi sabaki*.
- Aplicação: o *tori* faz o giro do corpo à frente, como se fosse aplicar o golpe *ō guruma*. Em seguida, apoia a mão esquerda no solo e leva a perna esquerda para trás das pernas do *uke*.

* Observação: técnica proibida.

Nesse momento, o *tori* faz o *kuzushi*, forçando a perna direita para cima e para a direita, com o auxílio do braço direito, e empurra o adversário para trás. Para finalizar, faz a puxada do braço direito simultaneamente ao movimento da perna direita, empurrando o abdome do *uke* para trás, ajudando a perna esquerda com o movimento contrário (da direita para a esquerda). Trata-se de uma técnica perigosa, proibida de ser executada em competições, pois são grandes as probabilidades de lesões traumáticas no *uke*.

12.12 Ōsoto maki komi

- Classificação: *nage waza, sutemi waza, yoko sutemi waza*.
- Postura inicial: *shizen hontai*.
- Pegada: *migi kumi kata*.
- Passos: *ayumi ashi*.
- Desequilíbrio: *ushiro migi sumi kuzushi* e *mae migi sumi kuzushi* (no final).

- Aplicação: o *tori* inicia fazendo a entrada da técnica *ōsoto gari*, e o *uke* consegue bloquear o ataque. Receoso de levar um contragolpe, o *tori* muda a forma de finalização. Na sequência, muda a direção de seu corpo fazendo um movimento giratório para a direita, passando seu braço por cima da cabeça do *uke*.

Para finalizar, o *tori* modifica a direção do *kuzushi*, para desequilibrar o *uke* à frente e à direita. O *tori* completa a projeção do adversário, fazendo o movimento *migi mae mawari ukemi*, caindo sobre o *uke*. Ressalta-se, ainda, que em todas as técnicas *maki komi* não se deve soltar a pegada da manga, para a conclusão perfeita do golpe sem risco de lesões.

12.13 Uchi mata maki komi

- Classificação: *nage waza, sutemi waza, yoko sutemi waza*.
- Postura inicial: *shizen hontai*.
- Pegada: *migi kumi kata*.
- Passos: *ayumi ashi*.
- Desequilíbrio: *mae migi sumi kuzushi*.
- Movimentação do *tori*: *mae migi mawari sabaki*.
- Aplicação: o *tori* inicia o golpe tentando derrubar o *uke* com o golpe *uchi mata*, levantando, o mais alto que puder, a perna esquerda do *uke* com sua perna direita.

Ao perceber que não conseguirá o objetivo, muda a forma de finalização. Nesse momento, o *tori* solta sua pegada de direita e passa o braço por cima da cabeça do oponente, fazendo um giro à sua frente.

Para finalizar a projeção, o *tori* continua levantando sua perna direita e leva sua mão em direção ao tatame. Depois, faz o movimento *migi mae mawari ukemi*, sem soltar a pegada da manga, conseguindo derrubar o *uke* no chão.

12.14 Harai maki komi

- Classificação: *nage waza, sutemi waza, yoko sutemi waza*.
- Postura inicial: *shizen hontai*.
- Pegada: *migi kumi kata*.
- Passos: *ayumi ashi*.
- Desequilíbrio: *mae migi sumi kuzushi*.
- Movimentação do *tori*: *mae migi mawari sabaki*.
- Aplicação: o *tori* inicia tentando derrubar o *uke* com o golpe *harai goshi*. Ao perceber que não vai conseguir alcançar o objetivo, o *tori* muda a forma de finalização.

Nesse momento, o *tori* solta a pegada da gola e passa o braço por cima da cabeça do *uke*, provocando o desequilíbrio do adversário à frente e à direita.

Para finalizar, o *tori* avança o braço direito em direção ao solo, fazendo o movimento *migi mae mawari ukemi*. Simultaneamente, continua a puxada do braço esquerdo e levanta a perna direita para trás, derrubando o adversário no tatame.

12.15 Kawazu gake*

- Classificação: *nage waza, sutemi waza, yoko sutemi waza*.
- Postura inicial: *shizen hontai*.
- Pegada: *migi kumi kata*.
- Passos: *ayumi ashi*.
- Desequilíbrio: *ushiro hidari sumi kuzushi*.
- Movimentação do *tori*: *mae migi sabaki*.

* Observação: técnica proibida.
- Aplicação: esta técnica de execução é proibida atualmente por causa do grande risco de lesões, tanto no *tori* como no *uke*. A técnica é praticamente idêntica ao golpe *ōuchi gari*. A diferença está no fato de o *tori* enroscar seu pé direito na perna esquerda do adversário.

Outro fator agravante é que, ao derrubar o oponente, o *tori* cai por cima do *uke* com as pernas enroscadas, o que pode concretizar o acidente e causar traumatismos. Aqui, intenta-se mostrar como é o golpe, criado pelo mestre Jigorō Kanō no século XIX, e não ensinar tal técnica para que seja praticada em treinos e em competições.

12.16 Kouchi maki komi

- Classificação: *nage waza, sutemi waza, yoko sutemi waza.*
- Postura inicial: *shizen hontai.*
- Pegada: *migi kumi kata.*
- Passos: *ayumi ashi.*
- Desequilíbrio: *ushiro migi sumi kuzushi.*
- Movimentação do *tori*: *mae migi sabaki.*
- Aplicação: o *tori* entra para aplicar o golpe *kouchi gari*, mas o *uke* consegue defender-se.

Dessa forma, o *tori* resolve mudar a forma de finalização. O *tori* mantém a posição da perna direita e solta a pegada na gola, para colocar a mão espalmada na coxa da perna direita do *uke*.

Para finalizar, o *tori* faz uma puxada forte do braço direito do *uke* para o lado e para baixo. Simultaneamente, empurra o adversário para a frente com seu ombro direito. O *uke*, desequilibrado pelo braço direito e calçado no pé pelo *tori*, não consegue escapar e é derrubado no tatame.

Arbitragem

Parte III

13 Gestos de arbitragem (Shinpan'in no yari kata)

Em razão das constantes modificações feitas pela Federação Internacional de Judô nas regras de arbitragem, apresentamos nesta obra o sistema de arbitragem antigo e tradicional.

Atualmente, temos apenas um árbitro central no tatame, mas aqui ainda apresentamos os dois árbitros laterais sentados, que contribuem ativamente durante as lutas.

Hoje, dois árbitros ficam no computador analisando as gravações em caso de dúvidas (*video replay*). As pontuações antigas de *kōka*, *yūkō* e *waza ari* estão sempre sendo modificadas conforme os mais recentes entendimentos das autoridades dirigentes.

Em resumo, para não tornar obsoleta uma obra recém-lançada como esta, os leitores devem ficar atentos a eventuais modificações feitas pela Federação Internacional de Judô ou pela Confederação Brasileira de Judô, mas não devem esquecer o sistema tradicional, pois muitas regras são modificadas e depois voltam a valer na sua forma antiga.

13.1 Ippon (ippon sore made)

O árbitro está determinando o final da luta pela pontuação máxima de *ippon* (1 ponto).

13.2 Waza ari

O árbitro está pontuando com 0,5 ponto a técnica (golpe) que o atleta aplicou no oponente.

13.3 Waza ari awasete ippon

O atleta já tinha 0,5 ponto e conseguiu fazer um novo golpe com mais 0,5 ponto, resultando no *ippon*.

13.4 Yūkō

Atualmente, é a pontuação mínima nas competições. Seria equivalente a 0,33 ponto, mas não é acumulativa. O atleta pode ter quatro *yūkō*, mas não valerá como *ippon*.

13.5 Tori keshi (retirando um yūkō)

O árbitro havia dado *yūkō* e os árbitros laterais invalidaram sua pontuação. Caso os laterais deem outra pontuação, o central deve dar o novo comando e pronunciar a palavra *ippon* ou *waza ari*.

13.6 Osaekomi

O árbitro está determinando que um dos lutadores foi imobilizado. O mesário vai acionar o cronômetro e, após 20 segundos, será dado *ippon* ao vencedor.

13.7 Osaekomi toketa

13.8 Shidō

O árbitro está informando que o lutador imobilizado escapou e não está valendo mais a contagem de tempo. Em seguida, olha para o tempo que o atleta permaneceu imobilizado, dando o ponto.

13.9 Sono mama

O árbitro está dando punição ao(s) lutador(es). Vale lembrar que se o lutador levar quatro *shidō*, ele é desclassificado do combate.

Os dois lutadores devem ficar paralisados na mesma posição, para que os árbitros possam verificar e identificar a falta que foi cometida por um deles.

13.10 Yoshi

Depois do *sono mama*, os árbitros determinam a punição do lutador infrator. Em seguida, o árbitro central (*shushin*) toca os atletas, falando "*Yoshi.*", para que eles continuem lutando.

13.11 Hajime

O árbitro está informando que o combate deve começar.

13.12 Mate

O árbitro está determinando que o combate deve ser paralisado momentaneamente.

13.13 Sore made

O árbitro está determinando o fim do combate.

13.14 Kachi (ou gachi)

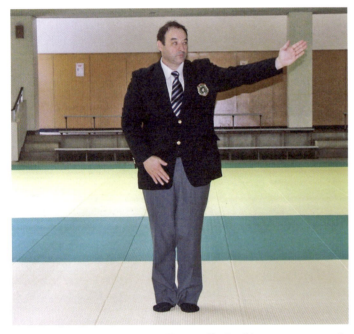

Deriva-se da palavra *katsu* ("vencer"). O árbitro está apontando qual é o atleta vencedor.

13.15 Hiki wake

O árbitro está informando que o combate terminou em empate (somente em casos de lutas entre equipes).

13.16 Convocando árbitros laterais

Com este gesto, o árbitro convoca os dois árbitros laterais, para definir-se alguma possível penalidade em comum acordo.

13.17 Falta de combate

Gesto específico para punir a falta de combate, dando um *shidō* para o(s) atleta(s).

13.18 Evitando combate

Gesto correspondente à falta de combate, ou melhor, que um dos atletas está evitando e impedindo o desenvolvimento da luta. *Shidō* para o atleta infrator.

13.19 Golpe falso

O árbitro percebe que a técnica aplicada pelo lutador foi apenas uma simulação, pois não teve o objetivo de projeção. *Shidō* para o infrator.

13.20 Postura muito defensiva

O atleta está lutando muito abaixado, fugindo do oponente. O árbitro sinaliza e aplica o *shidō* ao infrator.

13.21 Pegada indevida na manga

O atleta faz uma pegada proibida pelas regras de arbitragem. O árbitro sinaliza e aplica a punição *shidō*.

13.22 Pegada indevida: 5 segundos

O atleta não está fazendo a pegada normal. Então, deve segurar, no máximo, 5 segundos e aplicar o golpe. Depois disso, levará um *shidō*, de acordo com as regras.

13.23 Pegada indevida na perna

O atleta segurou na calça do oponente. Pelas regras atuais da Federação Internacional de Judô (FIJ) levará a punição de *hansoku make* e será desclassificado do combate, gerando a vitória do oponente. Salienta-se que, antes da punição, os três árbitros devem conversar.

13.24 Jogai (pisando fora da área)

O atleta saiu da área de combate. O árbitro paralisará a luta, fará o gesto e punirá o infrator com *shidō*.

13.25 Dentro da área (válido)

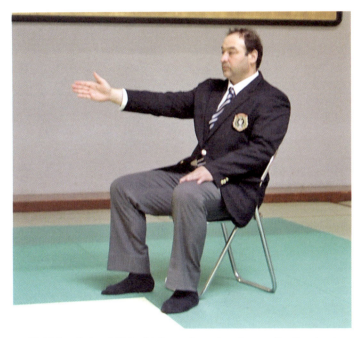

O árbitro lateral (*fukushin*) movimenta o braço direito, de cima para baixo, cerca de 20 cm, avisando o árbitro central que o golpe foi aplicado dentro da área de combate.

13.26 Fora da área (inválido)

O árbitro lateral movimenta o braço direito, da direita para a esquerda, três vezes, avisando ao árbitro central que os atletas estão fora da área de combate.

13.27 Discordando do ponto

O árbitro lateral está discordando de alguma pontuação dada pelo árbitro central. Se os dois árbitros laterais fizerem o mesmo sinal, o árbitro central deve retirar a pontuação dada.

13.28 Parar ne waza

O árbitro lateral acredita que os atletas estão "enrolando", para ganhar tempo. Com este gesto, ele tenta influenciar o árbitro central, para que este pare a luta de chão e que os atletas retornem à luta em pé.

13.29 Pedido médico

O árbitro central chama o médico à área de combate. Em seguida, aponta o atleta que está precisando de ajuda médica.

13.30 Shōmen ni (lutas em equipes)

Os atletas devem voltar-se à frente, em direção aos mesários, para fazer o *rēhō* (cumprimento).

13.31 Hantē

Quando o combate termina empatado no tempo normal, e se, no regulamento, não consta *Golden Score* (tempo extra), a luta é decidida pelos três árbitros, com as bandeiras.

Vocabulário

Neste livro, as palavras em japonês foram grafadas conforme o sistema Hepburn de romanização.

Acerca da pronúncia das palavras em japonês que constam nesta obra, faz-se as seguintes considerações, com base na comparação das sílabas da língua japonesa com a portuguesa:

- *"E"*, *"o"* devem ser lidos "ê", "ô".
- As sílabas *"gi"* e *"ge"* devem ser lidas "gui" e "guê". As sílabas *"sa"*, *"su"*, *"se"*, *"so"* devem ser lidas como em "**sa**po", seja no começo, no meio ou no fim de uma palavra.
- As sílabas *"za"*, *"ji"*, *"zu"*, *"ze"*, *"zo"* devem ser lidas "dzá", "dji", "dzu", dzê", "dzô".
- As sílabas *"cha"*, *"chi"*, *"chu"*, *"cho"* devem ser lidas "tchá", "tchi", "tchu", "tchô".
- As sílabas *"ha"*, *"hi"*, *"he"*, *"ho"* devem ser lidas como em "**ra**to".
- As sílabas *"ra"*, *"ri"*, *"ru"*, *"re"*, *"ro"* devem ser lidas como em "ca**ro**".

- A sílaba *"wa"* deve ser lida como em "**ua**u".
- As sílabas *"ā"*, *"ī"*, *"ū"*, *"ē"*, *"ō"* devem ser lidas prolongadas: "aaa", "iii", "uuu", "eee", "ooo". Não ler as sílabas separadamente, mas em uníssono.
- Sílabas nas quais a mesma consoante aparece duas vezes (por exemplo, *"ppo"*, em *"ippon"*) devem ser lidas com uma pausa: *"i ppon"*.
- O termo *"shinpan'in"* deve ser pronunciado como se fossem duas palavras (*"shinpan"* e *"in"*), mas sem pausa, pois, de fato, trata-se de um único vocábulo. O apóstrofo é empregado para que o "n" seja pronunciado separadamente e não forme a sílaba "ni" com o "i" que vem em seguida.

Age (ageru): levantar.

Anata: você.

Arashi: tempestade.

Ari (aru): ter.

Aruku: andar, caminhar.

Ashi: pé, perna.

Ashi garami: chave de perna.

Ashi gatame: chave de braço usando as pernas para finalização – abreviação de *Ude hishigi ashi gatame*.

Ashi waza: golpes de perna.

Awasete (awaseru): juntar, somar.

Ayumi (ayumu): caminhar.

Ayumi ashi: passo normal.

Bakku: costas.

Basami (hasami): tesoura.

Boku: eu.

Choku ritsu: posição de sentido.

Chūi: cuidado, atenção.

Daki (daku): carregar, abraçar, deixar entre os braços.

Dan: nível, grau.

Dantai: grupo, equipe.

De (deru): sair, partir.

Dojo (dōjō): local no qual artes marciais são treinadas.

Eri: gola.

Fukushin: árbitro lateral.

Gachi (kachi): vitória, vencedor.

Gaeshi (kaesu): devolver.

Gake (kakeru): levar, encaixar.

Ganbaru: esforçar.

Gari (karu): cortar.

Goshi (koshi): cintura, quadril(is).

Goshin jitsu: técnicas de autodefesa com e sem armas.

Guruma (kuruma): carro (roda).

Gyaku: contrário, inverso.

Gyaku jūji jime: chave cruzada reversa.

Hadaka: sem roupa, nu.

Hadaka jime: estrangulamento sem usar *jūdōgi*.

Hajime (hajimeru): começar, começo.

Hane (haneru): pular, atropelar.

Hansoku: infração, falta.

Hansoku make: perder, ser desclassificado.

Hantē: desempate (decisão por bandeiras).

Hara gatame: chave de braço usando o abdome para a finalização – abreviação de *Ude hishigi hara gatame*.

Harai/barai (harau): varrer, espanar.

Hayai: rápido.

Hayameru: acelerar.

Henka (henkō): alteração, mudança.

Hidari: esquerda.

Hidari kumi kata: pegada pela esquerda.

Hidari kuzushi: desequilíbrio para a esquerda.

Hidari mae mawari ukemi: queda frontal com rolamento à esquerda.

Hidari yoko ukemi: queda lateral à esquerda.

Hiki (hiku): puxar, tirar.

Hiki wake: empate.

Hipparu: puxar.

Hiza: joelho.

Hon kesa gatame: imobilização, prendendo o pescoço e o braço.

Hontai: postura, forma.

Ippo: um passo.

Ippō: um lado.

Ippon: um ponto.

Isshōkenmē: dar o máximo, com dedicação, com esforço.

Jigo hontai: posição defensiva.

Jime (shimeru): estrangulamento com as mãos, fechar.

Jogai: área de proteção.

Jūdōgi: uniforme para a prática do Judô.

Jūji: cruz.

Kachi (gachi): vitória.

Kaiten: giro, rolamento.

Kakaeru: carregar.

Kakaru: gastar.

Kakeru: levar, encaixar.

Kami shihō gatame: aprisionamento/imobilização da parte superior do corpo, nos quatro pontos.

Kangeiko: treinamento de inverno.

Kani: caranguejo.

Kansetsu: articulação.

Kansetsu waza: técnicas de articulação.

Kappō: primeiros socorros; técnicas de ressuscitação.

Karada: corpo.

Kari (karu): cortar.

Kata (形): forma, modelo, estilo (por exemplo: *Katame no kata*).

Kata (肩): ombro (por exemplo: *kata gatame*).

Kata gatame: imobilização, prendendo o ombro e o pescoço.

Kata ha jime: estrangulamento com o braço na nuca.

Kata jūji jime: estrangulamento em cruz combinado.

Kata te jime: estrangulamento com uma mão.

Katame no kata: técnicas de domínio no solo.

Katsu: vencer.

Kawazu gake: entrelaçamento com uma perna.

Kenka: briga, disputa, rixa.

Kenka kumi kata: pegadas invertidas.

Kesa gatame: imobilização de pescoço e de braço.

Keshi (kesu): apagar, anular.

Ki: árvore.

Kibisu: calcanhar.

Kiken: desistência.

Kime no kata: formas de decisão.

Ko (chīsai): pequeno (por exemplo: *kosoto*, *kouchi*).

Kōdansha: mestre.

Kōhai: novato, pessoa em posição inferior (na hierarquia).

Komi (komu): carregar.

Koshi: cintura, quadril(is).

Koshi waza: golpes de quadril.

Kubaru: repartir.

Kuchiki: uma perna; árvore apodrecida.

Kumi: pegada.

Kumi kata: pegada.

Kuzure kami shihō gatame: variação da imobilização da parte superior do corpo nos quatro pontos.

Kuzure kesa gatame: variação da imobilização de pescoço e de braço cruzado.

Kuzure yoko shihō gatame: imobilização lateral nos quatro pontos.

Kuzureru: quebrar, avariar.

Kuzushi: desequilíbrio.

Kyōshi: (postura de; cumprimento de; passo de) professor.

Kyū: classe, nível.

Ma sutemi waza: golpes de autossacrifício frontal.

Mae: frente.

Mae hidari mawari sabaki: giro completo à frente, à esquerda.

Mae hidari sabaki: giro à frente, à esquerda.

Mae hidari sumi kuzushi: desequilíbrio para a frente e para a esquerda.

Mae jime: estrangulamento pela frente.

Mae kuzushi: desequilíbrio para a frente.

Mae mawari ukemi: treinamento de queda para a frente com rolamento.

Mae migi mawari sabaki: giro completo à frente, à direita.

Mae migi sabaki: giro à frente, à direita.

Mae migi sumi kuzushi: desequilíbrio para a frente e para a direita.

Mae ukemi: treinamento de queda para a frente (sem rolamento).

Make (makeru): perder.

Maki (maku): enrolar.

Makura kesa gatame: imobilização do braço e do pescoço com travesseiro.

Mata: entre as pernas.

Mate (matsu): pare (esperar).

Mawari: contorno, circunferência, rolamento, dar voltas.

Mawaru: rodar, virar.

Migi: direita.

Migi kumi kata: pegada pela direita.

Migi kuzushi: desequilíbrio para a direita.

Migi mae mawari ukemi: queda frontal com rolamento à direita.

Migi yoko ukemi: queda lateral à direita.

Mokusō: meditação.

Morote: duas pegadas iguais.

Nage (*nageru*): atirar, jogar.

Nage komi: treinamento de quedas.

Nage waza: técnicas de projeção.

Nami: normal, comum.

Nami jūji jime: chave cruzada normal.

Ne waza: treinamento de técnicas de solo (chão).

Neru: dormir.

Ō (*ōkī*): grande (por exemplo: *ōsoto*).

Obi: faixa.

Okuri (*okuru*): enviar, levar a.

Osaekomi: imobilização.

Osaekomi waza: técnicas de imobilização.

Osu: empurrar.

Otagai: recíproco.

Otoshi (*otosu*): derrubar, deixar cair.

Ou: carregar.

Owari: fim.

Owaru: terminar.

Randori: treino livre (*tachi waza randori* ou *ne waza randori*).

Rēhō: cumprimento.

Renraku: aviso.

Renzoku: continuar, continuidade.

Ritsurē: cumprimento em pé.

Ryōte: as duas mãos.

Ryōte jime: estrangulamento com as duas mãos.

Sa: diferença.

Sabaki: movimento.

Sagaru: recuar, para trás.

Sankaku: triângulo.

Sankaku jime: estrangulamento em triângulo.

Sasae (*sasaeru*): apoio (segurar).

Saseru: derrubar.

Sēza: posição ajoelhada.

Senpai: veterano, pessoa em posição superior (na hierarquia).

Sensē (no Brasil, comumente pronunciado "*sensei*"): professor.

Seoi (*seou*): carregar, sustentar, suportar.

Shiai: partida, jogo, competição.

Shidō: punição aos lutadores.

Shidōsha: instrutor, professor.

Shime (*shimeru*): estrangulamento com as mãos (fechar).

Shime waza: técnicas de estrangulamento.

Shihan: mestre.

Shinpan'in: árbitro.

Shinpan'in no yarikata: gestos de arbitragem.

Shinsa: exame.

Shintai: passos.

Shisē: postura.

Shizen: natural, natureza.

Shizen hontai: posição natural.

Shizentai: posição natural.

Shodan: nível inicial.

Shōmen ni: para a frente.

Shushin: árbitro central.

Sode: manga (do quimono).

Sode guruma jime: estrangulamento em roda com manga.

Sono mama: parar do jeito que está.

Sore made: acabou, basta, chega.

Soto: fora.

Sukui: movimento côncavo, semelhante ao de pegar arroz com uma colher, ao de pegar feijão com uma concha.

Sumi: canto.

Sutemi: autossacrifício.

Sutemi waza: técnicas de autossacrifício.

Suteru: jogar fora.

Tachi (tatsu): ficar em pé.

Tachi waza: técnicas em pé.

Tai (karada): corpo.

Tai sabaki: movimento giratório.

Taisō: exercício físico (aquecimento).

Tani: vale.

Taoshi (taosu): derrubar, fazer cair.

Tate shihō gatame: imobilização frontal, segurando nos quatro pontos.

Tateru: levantar.

Tatsu: levantar.

Tawara: palhas de arroz.

Te: mão, pulso.

Te gatame: chave de braço usando a mão para a finalização – abreviação de *Ude hishigi te gatame*.

Te waza: golpes de mão.

Ten (tensū): ponto.

Toketa (tokeru): fugir, escapar.

Tomoe: vir junto.

Tomoe nage: projeção (golpe) acima da cabeça.

Tomonau: trazer algo.

Tori: quem aplica o golpe.

Tori (tori keshi): remover, tirar.

Tsubame: andorinha.

Tsugi: próximo.

Tsugi ashi: passo a passo.

Tsukkake: soco no estômago.

Tsukkomi: empurrar, penetrar.

Tsukkomi jime: estrangulamento empurrando.

Tsukuri: posição para arremesso.

Tsukuru: fazer; preparar.

Tsuri: pescar, pesca; arrastar.

Tsuri ashi: passos arrastados.

Uchi: dentro, por dentro.

Uchi komi: treinamento (repetição) de técnicas.

Ude: braço.

Ude garami: chave de braço em forma de triângulo.

Ude gatame: chave de braço (prendendo a mão, o ombro e flexionando o cotovelo) – abreviação de *Ude hishigi ude gatame*.

Ude hishigi ashi gatame: chave de braço usando as pernas para a finalização.

Ude hishigi hara gatame: chave de braço usando o abdome para a finalização.

Ude hishigi hiza gatame: chave de braço usando o joelho para a finalização.

Ude hishigi jūji gatame: chave de braço em cruz.

Ude hishigi sankaku gatame: chave de braço em triângulo.

Ude hishigi te gatame: chave de braço usando a mão para a finalização.

Ude hishigi ude gatame: chave de braço pressionando o cotovelo (prendendo a mão, o ombro e flexionando o cotovelo).

Ude hishigi waki gatame: chave de braço prendendo com a axila para a finalização.

Uke: passivo (quem recebe o golpe em demonstrações ou em treinos).

Ukemi: técnicas de quedas; atitude passiva.

Uki (*uku*): flutuar.

Ura: fundos, parte de trás, avesso.

Ushiro: atrás.

Ushiro hidari mawari sabaki: giro completo para trás, à esquerda.

Ushiro hidari sabaki: giro para trás, à esquerda.

Ushiro hidari sumi kuzushi: desequilíbrio para trás e para a esquerda.

Ushiro jime: estrangulamento por trás.

Ushiro kesa gatame: imobilização do braço e do ombro por trás (invertida).

Ushiro kuzushi: desequilíbrio para trás.

Ushiro migi mawari sabaki: giro completo para trás, à direita.

Ushiro migi sabaki: giro para trás, à direita.

Ushiro migi sumi kuzushi: desequilíbrio para trás e para a direita.

Ushiro ukemi: queda para trás.

Utsu: golpear, bater.

Utsuri (*utsuru*): mudança, mudar.

Utsushi: copiar, cópia.

Wakare (*wakareru*): separar.

Wakaru: entender.

Waki: axila.

Waki gatame: chave de axila – *Ude hishigi waki gatame*.

Waza: técnica, golpe.

Yama: montanha.

Yame: pare.

Yameru: parar.

Yari kata: método, jeito, maneira, gestos.

Yoko: lado.

Yoko jime: estrangulamento lateral.

Yoko shihō gatame: imobilização lateral nos quatro pontos.

Yoko sutemi waza: golpes de autossacrifício lateral.

Yoko ukemi: queda lateral.

Yoko wakare: separação lateral.

Yoshi: tudo bem, sem problemas.

Yūkō: atual menor pontuação no Judô, valendo 0,33 ponto.

Zarē: cumprimento no chão.

Zenpō: que está na frente.

Bibliografia consultada

DAIGO, Toshiro; KAWAMURA, Tēzo (Ed.). *Kōdōkan new japanese-english dictionary of judo*. Tradução de Derek Steel. Tōkyō: The Foundation of Kōdōkan Judo Institute, 2000.

DENSHI JISHO. Disponível em: <http://jisho.org>. Acesso em: 12 nov. 2014.

FRANCHINI, Emerson. *Judô*: desempenho competitivo. São Paulo: Manole, 2001.

HINATA, Noemia. *Dicionário japonês-português romanizado*. Tōkyō: Kashiwa Shobō, 1992.

KANŌ, Jigorō. *Judô kodokan*. Tradução de Wagner Bull. São Paulo: Cultrix, 2009.

_____. *Kōdōkan jūdō*. Tōkyō: Kodansha, 1986.

KASHIWAZAKI, Katsuhiko. *Jūdō*. Tōkyō: Sēbidō Shuppan, 1995.

_____. *Jūdō*: zukai kōchi. Tōkyō: Sēbidō Shuppan, 1999.

KASHIWAZAKI, Katsuhiko. *Newaza de katsu jūdō*. Tōkyō: Bēsubōru Magajinsha, 1998.

KOMATA, Kōji. *Shōdan shinsa no tame no jūdō no kata*: nyūmon "nage no kata", "jū no kata". Tōkyō: Ōizumi Shoten, 2007.

OKANO, Isao. *Baitaru jūdō*: newaza. Tōkyō: Nichibō, 1990.

OSANO, Jun. *Zusetsu jūjutsu*. Tōkyō: Shinkigensha, 2001.

SAITŌ, Hitoshi. *Jūdō*: jissen ni yakutatsuzen tekunikku. Tōkyō: Sēbidō Shuppan, 1997.

_____. *Jūdō pāfekuto masutā*: kihon o shikkari masutā. Tōkyō: Shinsē Shuppansha, 2008.

SUGAI, Vera Lucia. *O caminho do guerreiro*. São Paulo: Gente, 2000.

UEMURA, Haruki. *Jūdō kyōshitsu*. Tōkyō: Sēbidō Shuppan, 1994.

Apêndice A – Sistema Barbosa de Graduação de Faixas

Este apêndice resume o sistema de graduação de faixas criado por Edson Silva Barbosa, que reflete sua maneira de ver e de ensinar judô, e que tem levado os alunos a excelentes resultados desde a criação da Associação Barbosa de Judô (ABJ), em 2003.

O Sistema Barbosa de Graduação de Faixas parte do princípio de que, ao portar uma faixa preta, o judoca deve demonstrar pleno conhecimento dos fundamentos técnicos do judô (posturas, cumprimentos, técnicas de queda, pegadas, passos, movimento giratório do corpo e desequilíbrio), das técnicas de projeção (*nage waza*) e das técnicas de chão (*katame waza*), bem como ter conhecimento básico das combinações de golpes (*renzoku waza* e *renraku henka waza*) e das técnicas de contragolpe (*kaeshi waza*).

As tabelas incluídas neste apêndice relacionam os fundamentos e as técnicas exigidas para a graduação em cada uma das faixas. A descrição de como executar cada fundamento ou técnica é feita nos dois primeiros volumes desta coleção e, para facilitar a sua localização, as tabelas informam o volume e a respectiva página em que se encontra a descrição de cada fundamento ou técnica.

Graduações de Faixas para Crianças

Faixa	*kyū*	Idade mínima	Tempo de carência
Vinho	8º	5 anos	3 a 6 meses
Cinza	7º	5 anos	3 a 6 meses
Azul	6º	6 anos	6 a 9 meses
Amarela	5º	7 anos	6 a 9 meses
Laranja	4º	8 a 9 anos	6 a 9 meses
Verde	3º	10 a 11 anos	6 a 9 meses
Roxa	2º	12 a 13 anos	9 a 12 meses
Marrom	1º	14 a 15 anos	12 meses

Graduações de Faixas para Adultos

Faixa	*kyū*	Conhecimentos básicos	Tempo de prática
Azul	6º	8º, 7º e 6º *kyū*	3 a 6 meses
Amarela	5º	8º, 7º, 6º e 5º *kyū*	9 a 12 meses
Laranja	4º	8º, 7º, 6º, 5º e 4º *kyū*	12 a 15 meses
Verde	3º	8º, 7º, 6º, 5º, 4º e 3º *kyū*	18 a 21 meses
Roxa	2º	8º, 7º, 6º, 5º, 4º, 3º e 2º *kyū*	27 a 33 meses
Marrom	1º	8º, 7º, 6º, 5º, 4º, 3º, 2º e 1º *kyū*	Acima de 40 meses

Faixa Vinho (8º kyū)

A graduação na faixa vinho é direcionada a crianças iniciantes e exige o mínimo de conhecimentos técnicos, uma vez que, em idade precoce, as crianças ainda pensam mais em recreação do que na prática de um esporte ou luta. Trata-se, basicamente, de um incentivo às crianças e aos seus pais, para que continuem firmes em seus propósitos.

FAIXA VINHO

FUNDAMENTOS DO JUDÔ			
Tipo	Nome	Volume da coleção	Página
Posturas (*Shisē*)	*Sēza* (posição ajoelhada)	1	26
	Choku ritsu (posição de sentido)	1	25
Cumprimentos (*Rēhō*)	*Zarē* (cumprimento no solo)	1	36
	Ritsurē (cumprimento em pé)	1	35
Técnicas de queda (*Ukemi*)	*Ushiro ukemi* (queda para trás, deitado)	1	41
	Ushiro ukemi (queda para trás, sentado)	1	43
	Hidari yoko ukemi (queda lateral à esquerda, deitado)	1	46
	Migi yoko ukemi (queda lateral à direita, deitado)	1	48
	Mae ukemi (queda frontal, em pé)	1	52
	Hidari mae mawari ukemi (queda frontal com rolamento à esquerda, em pé)	1	53
	Migi mae mawari ukemi (queda frontal com rolamento à direita, em pé)	1	55

Faixa Cinza (7º kyū)

A faixa cinza é direcionada a crianças iniciantes, mas que já estão praticando judô por um período de três a seis meses.

O professor já deve começar a exigir a memorização dos princípios do judô, bem como dar início ao ensino de técnicas de chão e de projeção.

FAIXA CINZA

FUNDAMENTOS DO JUDÔ			
Tipo	**Nome**	**Volume da coleção**	**Página**
Posturas (*Shisē*)	*Sēza* (posição ajoelhada)	1	26
	Choku ritsu (posição de sentido)	1	25
Cumprimentos (*Rēhō*)	*Zarē* (cumprimento no solo)	1	36
	Ritsurē (cumprimento em pé)	1	35
Técnicas de queda (*Ukemi*)	*Ushiro ukemi* (queda para trás, sentado)	1	43
	Ushiro ukemi (queda para trás, em pé)	1	44
	Hidari yoko ukemi (queda lateral à esquerda, em pé)	1	50
	Migi yoko ukemi (queda lateral à direita, em pé)	1	51
	Mae ukemi (queda frontal, em pé)	1	52
	Hidari mae mawari ukemi (queda frontal com rolamento à esquerda, em pé)	1	53
	Migi mae mawari ukemi (queda frontal com rolamento à direita, em pé)	1	55
TÉCNICAS DE PROJEÇÃO (*Nage waza*)			
Tipo	**Nome**	**Volume da coleção**	**Página**
Técnicas de perna (*Ashi waza*)	*Ōsoto gari*	1	157
	De ashi harai (*de ashi barai*)	1	149
TÉCNICAS DE CHÃO (*Katame waza*)			
Tipo	**Nome**	**Volume da coleção**	**Página**
Técnicas de imobilização (*Osaekomi waza*)	*Kesa gatame*	2	26

Faixa Azul (6º kyū)

Os candidatos à faixa azul devem estar praticando judô há mais de um ano, e as avaliações técnicas devem começar a ganhar um pouco mais de rigor.

O professor deve usar o bom senso na hora da graduação, avaliando com cautela o quesito "idade do atleta".

FAIXA AZUL

FUNDAMENTOS DO JUDÔ			
Tipo	Nome	Volume da coleção	Página
Posturas (*Shisē*)	*Choku ritsu* (posição de sentido)	1	25
	Shizen hontai (posição natural)	1	28
	Jigo hontai (posição defensiva frontal)	1	32
	Sēza (posição ajoelhada)	1	26
Cumprimentos (*Rēhō*)	*Ritsurē* (cumprimento em pé)	1	35
	Zarē (cumprimento no solo)	1	36
Técnicas de queda (*Ukemi*)	*Hidari yoko ukemi* (queda lateral à esquerda, em pé)	1	50
	Migi yoko ukemi (queda lateral à direita, em pé)	1	51
	Ushiro ukemi (queda para trás, em pé)	1	44
	Mae ukemi (queda frontal, em pé)	1	52
	Hidari mae mawari ukemi (queda frontal com rolamento à esquerda, em pé)	1	53
	Migi mae mawari ukemi (queda frontal com rolamento à direita, em pé)	1	55
Pegadas (*Kumi kata*)	*Migi kumi kata* (pegada pela direita)	1	57
	Hidari kumi kata (pegada pela esquerda)	1	58
	Kenka kumi kata (pegadas invertidas)	1	59

Continua

Continuação

TÉCNICAS DE PROJEÇÃO (*Nage waza*)			
Tipo	Nome	Volume da coleção	Página
Técnicas de mão (*Te waza*)	*Seoi nage*	1	87
Técnicas de quadril (*Koshi waza*)	*Ô goshi*	1	128
Técnicas de perna (*Ashi waza*)	*Ôsoto gari*	1	157
TÉCNICAS DE CHÃO (*Katame waza*)			
Tipo	Nome	Volume da coleção	Página
Técnicas de imobilização (*Osaekomi waza*)	*Hon kesa gatame*	2	19

Faixa Amarela (5º kyū)

Os candidatos à faixa amarela devem estar praticando judô pelo período de um a dois anos e, com isso, já ter absorvido bem os fundamentos do esporte.

O professor não deve tentar desenvolver o atleta visando apenas a resultados competitivos, pois ser um lutador de judô e ser um judoca são coisas totalmente diferentes.

FAIXA AMARELA

FUNDAMENTOS DO JUDÔ			
Tipo	Nome	Volume da coleção	Página
Posturas (Shisē)	Choku ritsu (posição de sentido)	1	25
	Shizen hontai (posição natural)	1	28
	Jigo hontai (posição defensiva frontal)	1	32
	Sēza (posição ajoelhada)	1	26
Cumprimentos (Rēhō)	Ritsurē (cumprimento em pé)	1	35
	Zarē (cumprimento no solo)	1	36
Técnicas de queda (Ukemi)	Hidari yoko ukemi (queda lateral à esquerda, em pé)	1	50
	Migi yoko ukemi (queda lateral à direita, em pé)	1	51
	Ushiro ukemi (queda para trás, em pé)	1	44
	Mae ukemi (queda frontal, em pé)	1	52
	Hidari mae mawari ukemi (queda frontal com rolamento à esquerda, em pé)	1	53
	Migi mae mawari ukemi (queda frontal com rolamento à direita, em pé)	1	55

Continua

Continuação

TÉCNICAS DE PROJEÇÃO (*Nage waza*)			
Tipo	Nome	Volume da coleção	Página
Técnicas de mão (*Te waza*)	Tai otoshi	1	90
Técnicas de quadril (*Koshi waza*)	Harai goshi	1	134
	Daki age	1	146
Técnicas de perna (*Ashi waza*)	Ōuchi gari	1	159
	Okuri ashi harai (okuri ashi barai)	1	167
TÉCNICAS DE CHÃO (*Katame waza*)			
Tipo	Nome	Volume da coleção	Página
Técnicas de imobilização (*Osaekomi waza*)	Kami shihō gatame	2	24
	Yoko shihō gatame	2	42

Faixa Laranja (4º kyū)

No estágio correspondente à faixa laranja, o aluno já começa a ter uma boa base de judô. Quando o ensinamento é sistemático, o aprendizado pode até parecer demorado, mas ninguém aprende muita coisa em pouco tempo.

A partir dessa faixa, o professor começa a aumentar a carga técnica para que os atletas possam perceber sua evolução no esporte.

FAIXA LARANJA

Tipo	Nome	Volume da coleção	Página
FUNDAMENTOS DO JUDÔ			
Pegadas (*Kumi kata*)	*Migi kumi kata* (pegada pela direita)	1	57
	Hidari kumi kata (pegada pela esquerda)	1	58
	Kenka kumi kata (pegadas invertidas)	1	59
Passos (*Shintai*)	*Ayumi ashi* (passos normais)	1	61
	Tsugi ashi (passo a passo)	1	62
	Tsuri ashi (passos arrastados)	1	64

Continua

Continuação

TÉCNICAS DE PROJEÇÃO (*Nage waza*)			
Tipo	**Nome**	**Volume da coleção**	**Página**
Técnicas de mão (*Te waza*)	*Ippon seoi nage*	1	122
	Uchi mata sukashi	1	116
	Seoi otoshi	1	105
Técnicas de quadril (*Koshi waza*)	*Koshi guruma*	1	130
Técnicas de perna (*Ashi waza*)	*De ashi harai (de ashi barai)*	1	149
	Uchi mata	1	169
	Sasae tsuri komi ashi	1	154

CONTRAGOLPES (*Kaeshi waza*)		
Nome	**Volume da coleção**	**Página**
De ashi harai **para** *Tsubame gaeshi*	Ver fotos demonstrativas no Apêndice B	–
Ōsoto gari **para** *Ōsoto gaeshi*		
Kouchi gari **para** *Kouchi gaeshi*		

TÉCNICAS DE CHÃO (*Katame waza*)			
Tipo	**Nome**	**Volume da coleção**	**Página**
Técnicas de imobilização (*Osaekomi waza*)	*Makura kesa gatame*	2	36
	Kuzure kami shihō gatame I	2	28

Faixa Verde (3º kyū)

A graduação na faixa verde é um momento muito especial para o judoca, pois ele vai começar a descobrir um novo mundo. O aprendizado das novas técnicas de projeção, com combinações múltiplas, e a prática de contragolpes vão levá-lo a expandir muito os seus conhecimentos e a elevar significativamente o seu nível competitivo.

Nesse estágio, o aluno começa a ter mais contato com técnicas avançadas de lutas no chão, o que aumenta as suas responsabilidades como judoca. Por isso, o professor deve estar atento à disciplina e deixar bem claro os limites do que se está praticando.

FAIXA VERDE

FUNDAMENTOS DO JUDÔ			
Tipo	Nome	Volume da coleção	Página
Pegadas (*Kumi kata*)	Tirando a pegada	Ver fotos demonstrativas no Apêndice B.	–
	Recuperando a pegada		
	Tirando a pegada		
	Recuperando o controle, mudando para pegada de esquerda		
Movimento giratório do corpo (*Tai sabaki*)	*Mae migi sabaki* (giro à frente, à direita)	1	70
	Mae hidari sabaki (giro à frente, à esquerda)	1	70
	Ushiro migi sabaki (giro para trás, à direita)	1	71
	Ushiro hidari sabaki (giro para trás, à esquerda)	1	72
	Mae migi mawari sabaki (giro completo à frente, à direita)	1	73
	Mae hidari mawari sabaki (giro completo à frente, à esquerda)	1	75
	Ushiro migi mawari sabaki (giro completo para trás, à direita)	1	76
	Ushiro hidari mawari sabaki (giro completo para trás, à esquerda)	1	77

Continua

Continuação

TÉCNICAS DE PROJEÇÃO (*Nage waza*)			
Tipo	Nome	Volume da coleção	Página
Técnicas de mão (*Te waza*)	*Kata guruma*	1	92
	Morote gari	1	110
Técnicas de quadril (*Koshi waza*)	*Tsuri komi goshi*	1	132
	Sode tsuri komi goshi	1	144
Técnicas de perna (*Ashi waza*)	*Hiza guruma*	1	152
	Kouchi gari	1	164
	Kosoto gari	1	161
	Ō guruma	1	179
	Ashi guruma	1	174
Técnicas de autossacrifício frontal (*Ma sutemi waza*)	*Hiki komi gaeshi*	1	204
Técnicas de autossacrifício lateral (*Yoko sutemi waza*)	*Tani otoshi*	1	211
	Soto maki komi	1	215
	Ōsoto maki komi	1	231
	Daki wakare	1	225
COMBINAÇÕES DE TÉCNICAS			
Tipo	Nome	Volume da coleção	Página
Combinações de golpes na mesma direção (*Renzoku waza*)	*Kouchi gari* **para** *Ōuchi gari*	Ver fotos demonstrativas no Apêndice B	–
	Kouchi gari **para** *Kouchi maki komi*		
Combinação de golpes em direções contrárias (*Renraku henka waza*)	*Kouchi gari* **para** *Ippon seoi nage*	Ver fotos demonstrativas no Apêndice B	–
	Sasae tsuri komi ashi **para** *Ōsoto gari*		

Continua

Continuação

CONTRAGOLPES (*Kaeshi waza*)		
Nome	Volume da coleção	Página
Koshi guruma **para** *Ushiro goshi*	Ver fotos demonstrativas no Apêndice B	–
Uchi mata **para** *Te guruma*		
Uchi mata **para** *Uchi mata gaeshi*		
Hane goshi **para** *Hane goshi gaeshi*		

TÉCNICAS DE CHÃO (*Katame waza*)			
Tipo	Nome	Volume da coleção	Página
Técnicas de imobilização (*Osaekomi waza*)	*Kuzure yoko shihō gatame*	2	34
	Ushiro kesa gatame	2	40
Técnicas de estrangulamento (*Shime waza*)	*Hadaka jime*	2	47
	Sankaku jime	2	60
	Kata te jime	2	53
	Wakare jime	2	67
Técnicas de chave e torção (*Kansetsu waza*)	*Ude garami*	2	72
	Ude hishigi hiza gatame	2	79
	Ude hishigi ashi gatame	2	74
	Ude hishigi sankaku gatame I	2	86

Faixa Roxa (2º kyū)

Para portar a faixa roxa de judô, o judoca deve apresentar um nível alto de conhecimentos técnicos. Nesse estágio, ele já aprendeu cerca de 80% das técnicas de *nage waza* e *katame waza*.

O professor deve demonstrar rigor nessa graduação, uma vez que, em poucos anos, o atleta já vai portar uma faixa preta e ensinar novos alunos.

FAIXA ROXA

FUNDAMENTOS DO JUDÔ			
Tipo	**Nome**	**Volume da coleção**	**Página**
Pegadas (*Kumi kata*)	Tirando a pegada	Ver fotos demonstrativas no Apêndice B	–
	Recuperando a pegada com a ajuda da mão esquerda		
	Tirando a pegada		
	Cortando a pegada		
Desequilíbrios (*Kuzushi*)	*Mae kuzushi*	1	79
	Ushiro kuzushi	1	80
	Migi kuzushi	1	80
	Hidari kuzushi	1	81
	Mae migi sumi kuzushi	1	81
	Mae hidari sumi kuzushi	1	82
	Ushiro migi sumi kuzushi	1	82
	Ushiro hidari sumi kuzushi	1	83

Continua

Continuação

TÉCNICAS DE PROJEÇÃO (*Nage waza*)			
Tipo	Nome	Volume da coleção	Página
Técnicas de mão (*Te waza*)	*Uki otoshi*	1	99
	Sumi otoshi	1	101
	Kuchiki taoshi	1	112
Técnicas de quadril (*Koshi waza*)	*Utsuri goshi*	1	140
	Uki goshi	1	125
Técnicas de perna (*Ashi waza*)	*Kosoto gake*	1	172
	Harai tsuri komi ashi	1	176
Técnicas de autossacrifício frontal (*Ma sutemi waza*)	*Tomoe nage*	1	197
	Tawara gaeshi	1	206
Técnicas de autossacrifício lateral (*Yoko sutemi waza*)	*Uki waza*	1	217
	Yoko otoshi	1	209

COMBINAÇÕES DE TÉCNICAS			
Tipo	Nome	Volume da coleção	Página
Combinações de técnicas na mesma direção (*Renzoku waza*)	*De ashi harai* **para** *Ōsoto gari*	Ver fotos demonstrativas no Apêndice B	–
	Hiza guruma **para** *Harai goshi*		
Combinações de golpes em direções contrárias (*Renraku henka waza*)	*Ōuchi gari* **para** *Tai otoshi*	Ver fotos demonstrativas no Apêndice B	–
	Kouchi gari **para** *Uchi mata*		

Continua

Continuação

CONTRAGOLPES (*Kaeshi waza*)		
Nome	**Volume da coleção**	**Página**
Kouchi gari **para** *Sasae tsuri komi ashi*	Ver fotos demonstrativas no Apêndice B	–
Ōuchi gari **para** *Ōuchi gaeshi*		
Uchi mata **para** *Uchi mata sukashi*		

TÉCNICAS DE CHÃO (*Katame waza*)			
Tipo	**Nome**	**Volume da coleção**	**Página**
Técnicas de imobilização (*Osaekomi waza*)	*Tate shihō gatame*	2	38
Técnicas de estrangulamento (*Shime waza*)	*Okuri eri jime*	2	57
	Gyaku jūji jime	2	45
	Nami jūji jime	2	55
	Sode guruma jime	2	63
Técnicas de chave e torção (*Kansetsu waza*)	*Ude hishigi ude gatame*	2	91
	*Ude hishigi waki gatame**	2	93
	Ude hishigi jūji gatame I	2	82
	Ashi garami	2	69

* Técnica proibida

Faixa Marrom (1º kyū)

Ao portar a faixa marrom, o aluno chega ao limite de graduação que o seu *sensē* (professor) pode fazer dentro de sua academia. Depois, vem a sonhada faixa preta, que o atleta só pode conquistar fazendo os exames técnicos e práticos em sua respectiva federação e com o aval da Confederação Brasileira de Judô.

A mesma recomendação sobre os critérios rigorosos de avaliação da faixa roxa servem para a marrom. Se o candidato não tiver total conhecimento dos fundamentos do judô, deverá estudar e praticar muito para alcançá-lo.

Ao receber a faixa marrom e fazer o seu registro na sua federação, o aluno deve cumprir uma carência de um ano para que possa assimilar com maestria todos os conhecimentos recebidos, bem como, nesse período, iniciar as atividades de arbitragem e conhecimentos gerais de mesário.

FAIXA MARROM

FUNDAMENTOS DO JUDÔ			
Tipo	Nome	Volume da coleção	Página
Posturas (*Shisē*)	*Choku ritsu* (posição de sentido)	1	25
	Sēza (posição ajoelhada)	1	26
	Shizen hontai (posição natural)	1	28
	Hidari shizentai (posição natural à esquerda)	1	29
	Migi shizentai (posição natural à direita)	1	29
	Jigo hontai (posição defensiva frontal)	1	32
	Hidari jigotai (posição defensiva à esquerda)	1	33
	Migi jigotai (posição defensiva à direita)	1	33
	Kyōshi (posição de professor)	1	30

Continua

Continuação

TÉCNICAS DE PROJEÇÃO (*Nage waza*)			
Tipo	**Nome**	**Volume da coleção**	**Página**
Técnicas de mão (*Te waza*)	*Sukui nage*	1	95
	Obi otoshi	1	103
	*Yama arashi**	1	108
	Kibisu gaeshi	1	114
Técnicas de quadril (*Koshi waza*)	*Tsuri goshi*	1	136
	Hane goshi	1	138
Técnicas de perna (*Ashi waza*)	*Ōsoto otoshi*	1	182
	Ōsoto guruma	1	181
Técnicas de autossacrifício frontal (*Ma sutemi waza*)	*Ura nage*	1	202
	Sumi gaeshi	1	200
Técnicas de autossacrifício lateral (*Yoko sutemi waza*)	*Yoko gake*	1	223
	Hane maki komi	1	213
	Yoko wakare	1	219
	Yoko guruma	1	221
	*Kani basami**	1	229
	*Kawazu gake**	1	238
COMBINAÇÕES DE TÉCNICAS			
Tipo	**Nome**	**Volume da coleção**	**Página**
Combinações de técnicas na mesma direção (*Renzoku waza*)	*Kosoto gari* **para** *Tani otoshi*	Ver fotos demonstrativas no Apêndice B	–
	Tai otoshi **para** *Uchi mata*		
Combinações de técnicas em direções contrárias (*Renraku henka waza*)	*De ashi harai* **para** *Harai goshi*	Ver fotos demonstrativas no Apêndice B	–
	Harai goshi **para** *Ōsoto gari*		

* Técnica proibida

Continua

Continuação

CONTRAGOLPES (*Kaeshi waza*)		
Nome	Volume da coleção	Página
Harai goshi **para** *Harai goshi gaeshi*	Ver fotos demonstrativas no Apêndice B .	–
Koshi guruma **para** *Utsuri goshi*		

TÉCNICAS DE CHÃO (*Katame waza*)			
Tipo	Nome	Volume da coleção	Página
Técnicas de imobilização (*Osaekomi waza*)	*Kata gatame*	2	22
Técnicas de estrangulamento (*Shime waza*)	*Kata ha jime*	2	48
	Kata jūji jime	2	50
	Tsukkomi jime	2	65
	Ryōte jime	2	59
Técnicas de chave e torção (*Kansetsu waza*)	*Ude hishigi sankaku gatame II*	2	88
	Ude hishigi jūji gatame II	2	84
	Ude hishigi te gatame	2	90
	Ude hishigi hara gatame	2	76

Apêndice B – Demonstração de treinos de pegadas, combinações de técnicas e contragolpes

Treinos de Pegadas (Kumi Kata) – Faixa Verde

- Tirando a pegada

- Recuperando a pegada

- Tirando a pegada

- Recuperando o controle, mudando para pegada de esquerda

Treinos de pegadas (Kumi Kata) – Faixa Roxa

- Tirando a pegada

- Recuperando a pegada com ajuda da mão esquerda

- Pegada na manga

- Cortar pegada

Combinações de técnicas – Faixa Verde

Combinações de golpes na mesma direção (Renzoku waza)

- *Kouchi gari* **para** *Ōuchi gari*

- *Kouchi gari* **para** *Kouchi maki komi*

Combinações de golpes na direção contrária (Renraku henka waza)

- *Kouchi gari* **para** *Ippon seoi nage*

- *Sasae tsuri komi ashi* **para** *Ōsoto gari*

Combinações de técnicas – Faixa Roxa

Combinações de golpes na mesma direção (Renzoku waza)

- De ashi harai **para** Ōsoto gari

- *Hiza guruma* **para** *Harai goshi*

Combinações de golpes na direção contrária (Renraku henka waza)

- Ōuchi gari **para** Tai otoshi

- *Kouchi gari* **para** *Uchi mata*

Combinações de técnicas – Faixa Marrom

Combinações de golpes na mesma direção (Renzoku waza)

- *Kosoto gari* **para** *Tani otoshi*

- *Tai otoshi* **para** *Uchi mata*

Combinações de golpes na direção contrária (Renraku henka waza)

- *De ashi harai* **para** *Harai goshi*

- *Harai goshi* **para** *Ōsoto gari*

Contragolpes (kaeshi waza) – Faixa Laranja

- *De ashi harai* **para** *Tsubame gaeshi*

- *Ōsoto gari* **para** *Ōsoto gaeshi*

- *Kouchi gari* **para** *Kouchi gaeshi*

Contragolpes (kaeshi waza) – Faixa Verde

- *Koshi guruma* **para** *Ushiro goshi*

- *Uchi mata* **para** *Te guruma*

- *Uchi mata* **para** *Uchi mata gaeshi*

- *Hane goshi* **para** *Hane goshi gaeshi*

Contragolpes (kaeshi waza) – Faixa Roxa

- *Kouchi gari* **para** *Sasae tsuri komi ashi*

- *Õuchi gari* **para** *Õuchi gaeshi*

- *Uchi mata* **para** *Uchi mata sukashi*

Contragolpes (kaeshi waza) – Faixa Marrom

- *Harai goshi* **para** *Harai goshi gaeshi*

- *Koshi guruma* **para** *Utsuri goshi*

Sobre o autor

Formado em Administração de Empresas pela Faculdade de Administração Champagnat, Instituto Champagnat de Estudos Superiores (FAC-ICES), de Belo Horizonte (MG).

Faixa preta 5º *dan*, pela Federação Paulista de Judô, e faixa preta 5º *dan*, pela Kodokan, no Japão. A graduação brasileira não foi aceita pela Federação de Shizuoka e tive de voltar à faixa branca, mostrar meus conhecimentos, minha dedicação, e muita determinação nos objetivos para recomeçar e evoluir o máximo possível no esporte.

Árbitro da All Japan Judo Federation, categoria B (interestadual e nacional), e integrante da comissão técnica de graduação Yakuin de faixas pretas na Federação de Judô da região de Sēbu, na cidade de Hamamatsu, província de Shizuoka, Japão. No Brasil, fui aprovado em 2016 para Árbitro Nacional C, e no Japão, nos últimos anos, passei a integrar a Associação de Kodanshas, também da região de Sēbu.

Minha iniciação no judô deu-se em janeiro de 1977, na Associação Registrense de Judô (ARJU), com o mestre Nobuo Ōgawa (9º *dan*). Em 1980, transferi-me para a Hombu Budokan, tendo sido aluno do mestre Matsuo Ogawa (9º *dan*) e, principalmente, de seu filho, Oscar Hitoshi Ogawa (6º *dan*).

Fui idealizador e presidente-fundador da Federação Nipo-Brasileira de Judô (FNBJ), em 1998, na cidade de Hamamatsu. Com isso, objetivei buscar o desenvolvimento do judô brasileiro no Japão, mas a escassez de academias brasileiras limitou as atividades de organizar campeonatos próprios e de participar de outros, como The Osaka International Goodwill Judo Tournament.

Desembarquei no Japão em 1995, e, logo, matriculei-me na Hamamatsu Yoshinkan Kyōkai, da qual eu e meus três filhos participamos ativamente até 2002. Mudamo-nos, então, para a Ikusēkan Dōjō, em que tivemos muitas conquistas importantes. Em 2003, registrei a Associação Barbosa de Judô (ABJ) na All Japan Judo Federation, conhecida pelo nome Barubosa Jūdō Kurabu.

Desde minha chegada ao Japão, venho pesquisando e estudando muito o judô em geral. Por isso, tomei a iniciativa de começar a escrever livros de judô desde 1999, contando com a ajuda e a participação de minha esposa-fotógrafa (Dirce) e dos meus filhos (Sílvio, Danielli e Eduardo). Enfatizo, com orgulho, que todos os meus filhos conquistaram a faixa preta 2º *dan* pela Kodokan, e a minha esposa, a faixa preta 1º *dan*.

Pouco antes do registro oficial da ABJ, comecei a dar aulas de Judô em várias escolas brasileiras, como atividade complementar de Educação Física. Muitos alunos se destacavam, apesar das poucas aulas, e, assim, vieram a reforçar as equipes brasileiras nas competições oficiais de judô. Em menos de um ano de existência, nossa academia começou a ter destaque e as medalhas começaram a aparecer.

A maior competição de que participamos foi o campeonato nacional Nippon Budōkan, em Tóquio (2007). Nossa equipe mirim só perdeu para a equipe campeã, nas oitavas de finais, deixando nossa academia classificada na quinta posição do Japão. O mérito foi tanto que a mais famosa revista japonesa de judô (*Kindai Jūdō*) veio entrevistar-nos e registrar a façanha: éramos a única academia de estrangeiros participante e, ainda, quase ganhamos medalhas.

Em dezembro de 2009, fomos convidados pela Kodokan a dar uma entrevista sobre a trajetória da família Barbosa no Japão. A entrevista foi publicada na revista oficial da Kodokan (n. 4, v. 81, abr. 2010). Minha filha Danielli, competidora no Grand Slam Tokyo daquele ano, participou da entrevista. A All Japan Judo Federation forneceu duas credenciais especiais, para que pudéssemos assistir a todas as lutas do torneio de 2009, ao lado dos mais famosos mestres e atletas do judô japonês.

Na qualidade de atleta, conquistei alguns títulos regionais de Hamamatsu, mas os mais marcantes foram as medalhas e os troféus conquistados no campeonato Osaka International Goodwill Judo Tournament:

- Categoria individual:
  - *Medalhas de ouro: anos de 2003, 2004 e 2005.*
  - *Medalhas de prata: anos de 2001 e 2006.*
  - *Medalhas de bronze: anos de 1999 e 2002.*

- Equipes da FNBJ:
  - *2000 – Medalha de prata para a Equipe Feminina B.*
  - *2000 – Medalha de bronze para a Equipe Feminina A.*
  - *2003 – Medalha de bronze para a Equipe Feminina.*
  - *2005 – Medalha de bronze para a Equipe Masculina.*
  - *2006 – Medalha de bronze para a Equipe Masculina.*
  - *2007 – Medalha de bronze para a Equipe Feminina.*
  - *2008 – Medalha de bronze para a Equipe Masculina.*
  - *2008 – Medalha de bronze para a Equipe Feminina.*

Ressalto, ainda, a alegria e o sentimento de realização por ver uma atleta que ensinei desde pequena participar de uma Olimpíada. Sendo professor, já é motivo de felicidade, mas, sendo pai, o prazer é indescritível.

Em 2011, chegou ao final mais um ciclo, pois retornamos ao nosso país. Depois de quase 17 anos no Japão, levamos de volta não só a grande experiência adquirida no judô, mas as boas lembranças de mestres e de muitos amigos que estarão sempre em nossos corações.

Em janeiro de 2015, a Associação Barbosa de Judô foi aberta no Brasil, com registro na Federação Paulista de Judô (no 448), na cidade de Registro.

Meu filho Eduardo foi convocado pela Confederação Brasileira de Judô para representar nosso país no Grand Slam de Tóquio 2016, um dos campeonatos mais fortes do mundo. Eduardo integra a Seleção Brasileira de Judô e já foi campeão em vários torneios internacionais, tendo chegado a ser o vice-campeão na Seletiva Olímpica Rio 2016.

História da Associação Barbosa de Judô no Japão

Edson Silva Barbosa-*sensē* chegou ao Japão em maio de 1995. No mês de julho daquele ano, fez sua inscrição na Associação de Judô Hamamatsu Yoshinkan Kyōkai. Sua esposa e seus filhos chegaram ao Japão em 1996, quando Sílvio e Danielli, filhos de Barbosa, começaram a treinar com o pai. Eduardo, o mais novo, precisaria esperar até abril de 1998 para começar a treinar.

Em 2001, a família Barbosa mudou-se para a associação de Judô Ikusēkan Dōjō, na qual os treinos eram mais puxados.

Em agosto de 2003, desligaram-se da Ikusēkan e deram início à Associação Barbosa de Judô (ABJ). O registro na All Japan Judo Federation foi feito em dezembro de 2003, por meio da Shizuoka-Ken Jūdō Renmē, da província de Shizuoka, região Sēbu, cidade de Hamamatsu, com o número 21-D-21.

A partir de 2004, a ABJ, conhecida no Japão como Barubosa Jūdō Kurabu, passou a participar dos eventos oficiais e, em 16 de maio de 2004, formou os atletas Gilberto Kendi Fuzita e Ricardo Kenji Kato como os primeiros faixas pretas brasileiros da ABJ. Na sequência, muitos atletas chegaram à faixa preta, alguns faixas pretas 2º *dan*, e Barbosa-*sensē* conquistou o 4º e 5º *dan* em sua associação.

Barbosa-*sensē* era, também, árbitro oficial da Federação Japonesa de Judô e, posteriormente, veio a integrar o quadro de Yakuin (elite do judô local) e da associação de *kōdansha* de Shizuoka. Na arbitragem, chegou ao nível nacional B, em que só não era permitido arbitrar a final do campeonato nacional japonês.

A ABJ conquistou inúmeros títulos ao longo dos anos, mas teve seu ápice ao participar do campeonato nacional Budōkan, em Tóquio, no ano de 2007. A equipe da associação mirim ficou em 5º lugar na competição, o que foi matéria da revista mais famosa de judô do Japão (*Kindai Jūdō*), passando a ser conhecida nacionalmente.

Em 2011, a família Barbosa retornou ao Brasil e, para não fechar a associação, foram passados para Fabio Inouye-*sensē* todos os direitos e os alunos da ABJ. Nascia, então, a Inouye Jūdō Kurabu, que continua levando à frente o legado de uma associação exclusiva de brasileiros, representando nosso país no Japão.

Sobre o Livro
Formato: 24 x 17 cm
Mancha: 18,9 x 12,2 cm
Papel: Offset 90g
nº páginas: 328
1ª edição: 2017

Equipe de Realização
Assistência editorial
Liris Tribuzzi

Assessoria editorial
Maria Apparecida F. M. Bussolotti

Edição de texto
Gerson Silva (Supervisão de revisão)
Roberta Heringer de Souza Villar (Preparação do original e copidesque)
Fernanda Fonseca e Gabriela Teixeira (Revisão)

Editoração eletrônica
Évelin Kovaliauskas Custódia (Projeto gráfico, capa e diagramação)

Fotografia
Edson Silva Barbosa, Eduardo Katsuhiro Barbosa, Sílvio Hideki Barbosa (Modelos)
Todas as fotos deste livro foram produzidas pelo próprio autor e por sua esposa, Dirce Akiko Nakazawa Barbosa.

Impressão
Edelbra Gráfica